The 1st step to management accounting

1からの
管理会計

國部克彦
大西 靖 [編著]
東田 明

発行所：碩学舎
発売元：中央経済社

序　文

　皆さんが思い浮かべる企業はどのようなイメージであろうか。スーツを着たビジネスマンがオフィスで忙しそうに仕事をしている風景であろうか。あるいは、工場で何かが造り出されている場面であろうか。いずれの場合も、人やモノが一定の秩序に従って整然と動いているように見えるであろう。実際に、そこは学校の昼休みのような雰囲気ではなく、何か目に見えない規律にしたがって人が行動し、モノが流れている。

　この秩序はどこから来るのであろうか。もちろん、実際には人間は上司の命令で動いたり、モノはコンピュータのプログラムで動いていたりするのであろうが、それらがバラバラではないのはどうしてであろうか。その鍵はお金の流れにある。お金は企業の血液のようなもので、お金が回らなければ企業は活動できない。しかも、単に回るだけでなく、投下した資本を回収して利益が上がるようにしないと、企業活動を継続することはできない。これが経済的な規律であるが、このような規律は自然に出来上がるものではなく、人為的に創りだす必要がある。それが管理である。

　そのためには、企業のそれぞれの活動がどれくらい儲かっているかを知ることが必要になるが、これは簡単そうで大変難しい問題である。商品が売れたと喜んでも、代金が回収できなければ赤字になってしまう。優秀な従業員を雇用すれば高い売上を達成できるであろうが、人件費はかさんでしまうであろう。設備投資で生産を効率化しても、それに見合う需要がなければ、設備を動かせば動かすほど在庫を増やしてしまう。

　企業はこのような複雑な活動を日々調整しながら、利益を上げて事業を継続していく必要がある。このような作業は、家族で経営している1軒のお店のような規模であれば、日々の売上と仕入れの管理で何とかなるであろうが、大企業になればとても手作業では管理できない。それどころか人間や機械を共通の目的のために動かすには、レベルの高い管理システムが必要になる。その中心が管理会計（management accounting）である。

　管理会計とは文字通り経営のための会計を意味し、財務会計（financial accounting）と並ぶ会計の二大分野のひとつである。財務会計が資金調達を目的とした企業外部志向であるのに対して、管理会計は企業内部の管理を対象とする会

計で、会計基準や法規制の制約を受ける財務会計に比べて、各企業が自由に設計できるという特徴を持つ。したがって、管理会計システムの巧拙が、企業業績に大きな影響及ぼすことも珍しくないのである。

　管理会計は企業経営にとって非常に重要な技術であるが、それを学習することは簡単ではない。なぜなら、管理会計は財務会計のようには体系化されておらず、さまざまな手法の集合体という性質を持つからである。また、法律で規制されているわけではないから、基本的にどのような管理会計システムを持つかは各企業の自由であり、これだけあれば管理会計として最低限の要件を満たしているともなかなかいえない。

　むしろ、管理会計とは経営を支援する会計であるから、全体としての体系よりも、支援すべき活動から考える方が実践的である。利益指標を頂点として組織全体を管理する方法もあるが、初学者のうちは日々の経営実践を管理会計がどのように支援するのかという点から考えた方が分かりやすいであろう。本書の各章題は、すべて「・・・する」という能動的なフレーズを用いているのはそのためで、企業の基本的な活動をどのように管理会計が支援できるのかを、令和堂という架空の和洋菓子の製造販売会社の例を使って、実際にイメージできるように解説している。

　各章の内容を簡単に解説しておこう。第1章から第3章までは企業活動の全体を対象として、管理会計がどのような役割を果たしているのかを説明する。第1章「会計で経営を管理する」で、管理会計の基本的な機能を財務会計などと対比させながら解説する。第2章「組織を構成する」では、企業の組織構成そのものが、管理会計という筋金が通ることで機能することを説明する。第3章「経営を分析する」では企業経営の全体を会計的に理解するために財務諸表分析の基礎を紹介する。

　第4章以降は、実際の経営戦略や管理活動をどのように管理会計が支援できるのかについて個別に詳しく論じている。特に、第4章から第8章は、管理会計の中心的機能のひとつである業績管理に焦点を当てている。第4章「戦略を策定する」は、企業経営の根幹となる戦略の策定に管理会計がどのように関わっているのかを解説する。第5章「短期の利益を計画する」では、CVP分析を用いて目標利益達成のために必要な売上高とコスト削減額について検討する手法を学ぶ。第6章「予算を編成する」は、企業経営の年間の活動を規定する予算がどのように編成されるのかを解説する。第7章「業績を評価する」では、計画に従って行動した結果である業績がどのように管理会計によって評価されるのか、個別の店舗と事業部に分けて説明する。第8章「非財務指標を活用する」では、近年ますます重要視されるように

なってきた非財務指標を活用する手法を業績管理を中心に学ぶ。

　第9章から第13章は企業の戦略遂行のプロセスで遭遇するさまざまな課題に対して、会計情報をどのように活用することができるのかについて、会計情報を用いた意思決定の方法を中心に学ぶ。第9章は既存のビジネスプロセスを変更しない短期的な意思決定である業務的意思決定について、第10章は設備投資や企業の買収など長期的なリターンを考慮する必要がある意思決定の代表的な手法を解説している。第11章から第13章は、製品の生産、管理、開発という製造業のメインとなる活動に対して、管理会計がどのように支援できるのかを解説している。第11章「生産を管理する」では、生産プロセスを会計で管理する意義について学ぶ。第12章「製品原価を管理する」ではカップケーキを例にとって、製品原価を計算してその原価を維持・改善する方法について解説する。第13章「製品・商品を開発する」では原価企画という手法を解説して製品開発において原価がいかに作り込まれるかを説明する。

　第14章と第15章は、近年重要性が増してきた管理会計の新しい領域で、環境と非営利組織の問題を取り上げる。第14章「環境を管理する」では、廃棄物によるロスを管理会計でどのように管理できるのかを中心に学ぶ。第15章「非営利組織を管理する」では、病院を例にとって、非営利組織においても管理会計がいかに重要であるかを説明する。

　本書は『1からの管理会計』と銘打っていることもあって、主要な管理会計手法を網羅的に解説した書籍ではない。むしろ、企業の活動別に個々の管理会計手法がどのように企業経営に役立つのかを解説したものである。管理会計は、手法があるから適用するものではなく、現場のニーズに応じて適切な手法を採用すべき技術である。そのための考え方を学び、いつかは実際に管理会計を使って組織を動かしてみようと思うようになれば、本書の目的は十分に達成されたことになる。

　2020年1月

執筆者を代表して

國部　克彦

CONTENTS

🍎イラスト：國部英理

第1章

第2章

第3章

第4章

第5章

第6章

第7章

第8章

第9章

第10章

第11章

第12章

第13章

第14章

第15章

第 1 章

会計で経営を管理する

1 はじめに

　皆さんは、会社の社長になってみたいと思ったことはないだろうか。誰かに命令されて仕事をするよりも、自分で仕事を決めて、必要なら人を雇って仕事を分担してもらったほうが、やりがいがあるし、大きなことができると思う人も多いであろう。それなら、会社を管理しないといけない。

　会社を管理することを経営（management）と呼ぶが、経営の語源であるmanageは、もともと「手で何かをする」という意味であった。実際に人類は、手で何か道具を作って、素手ではできない仕事ができるようになった。しかし、人間を動かそうと思っても、道具で動かすことはできない。

　そんなことをしなくても、人間に仕事をしてもらう方法がある。それが管理会計である。かつて、経済学の父アダム・スミスは、市場では誰も調整していないのに、価格が決まることを評して「見えざる手（invisible hand）」と呼んだが、管理会計は、組織の中の「見える手（visible hand）」なのである。

　会計というと何か静的なイメージがあるが、その英語はaccountingという動名詞であるように、組織の中でダイナミックな活動を生み出している。実際にさまざまな経営管理上の課題に管理会計は使用されている。本書では、最も基本的な管理会計手法をいきいきとした動きの中で解説していきたい。

　以下では、本書を読むために、管理会計の全体像を簡潔に説明しておくことにしたい。まずは、本書で用いる令和堂という架空の和洋菓子店について紹介しよう。

2 令和堂にみる経営と会計

　令和堂は和洋菓子の製造・販売を中心とする会社である。社長の栗原令子は、40代の若さながら令和元年5月1日に父親から社長を継ぎ、改元を記念して社名を「令和堂」に変更した。大学では経営学部の管理会計のゼミに所属しており、学生時代に勉強した知識を活かして、経営改革に取り組もうとしている。

　令子社長が経営改革の必要性を感じているのは、令和堂の事業が拡大したためである。これまでの洋菓子事業部と和菓子事業部に加えて、レストラン事業を始めた

り店舗を増やしたことによって、会社の規模は大きくなった。これまでは前社長の強いリーダーシップによって社員はまとまっていたが、令子社長は少しずつ、社員の意識にばらつきが生じていることを感じ取っていた。そこで、彼女は自身が打ち出す方針や戦略をいかに従業員に伝え、理解してもらうかが重要と考えた。そのためには、全社の売上目標や利益目標がどのように設定され、それが各部門や従業員の仕事とどう関係しているかを明確にする必要性を感じていた。

　また、令子社長はある程度事業部門ごとに経営を任せ、従業員が自律的に考えて行動することを望んでいる。規模の拡大によって、経営者として全事業を細部まで監督することはもはやできず、戦略策定などの会社の方向性について検討することを優先する必要があった。

　このような問題を解決するためには、各部門の責任を明確にし、必要な経営資源を各部門に与え、各部門のマネジャーや従業員が自部門の活動を会計の観点から捉えることができるようになることが重要であるという、ゼミの恩師の言葉を令子社長は思い出した。本書は、この令子社長の考えをどのようにして実現していくのかを各章で考えていくことにしたい。

3 管理会計を活用する

❖ 管理会計の役割：意思決定支援と業績管理

　管理会計には、主に2つの役割がある。その1つは、各経営プロセスの意思決定支援である。たとえば、生産を自分たちで行うか他社に外注するか、どの材料を購入するか、製品の販売価格をいくらにするか、どの設備を購入するかなど、あらゆる経営プロセスにおいて意思決定が必要になる。いわば、企業経営とは意思決定の連続である。この意思決定を根拠なく行えば、それは近い将来、会社を窮地へ追いつめるかもしれない。あらゆる経営活動は、利益を構成する要素である費用もしくは収益とつながるものであるため、これらに与える影響を考慮に入れて意思決定を行う必要がある。いわば、意思決定の費用対効果を見極めるということである。そのための情報提供を行うことが、管理会計の第1の役割である。

　しかし、個別の経営プロセスにおける意思決定を支援するだけでは、会社全体を

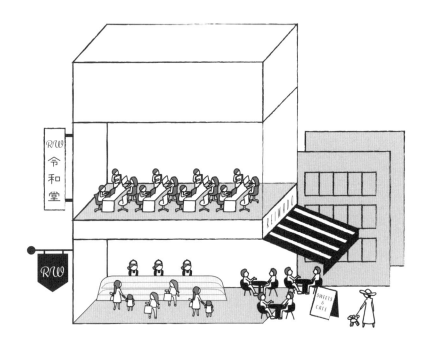

見た場合、十分ではない。なぜなら、各経営プロセスにとって最適な意思決定が、会社全体の利益を最大化するとは限らないからである。たとえば、高品質の洋菓子を作る上で高級生クリームを使用したいが、それを用いると製品の原価が上がり、販売価格も上げざるを得ない場合が考えられる。あるいは、生産部門は製造コストを下げるために多くの製品を一度に作ろうとするが、販売部門は在庫を持ちたくないので生産量を少なくしてほしいと要求するだろう。このように、会社の中には調達部門、製造部門、販売部門など複数の部門があり、目標の達成のために活動している。これらの部門は、1つの会社の中に存在するので、当然、相互に関係がある。関係があるがゆえに、部門間で意見の対立が生まれる可能性があり、これを調整する必要がある。こうした部門間の調整を果たすのが、管理会計のもう1つの役割である業績管理としての管理会計である。

　たとえば令和堂では、洋菓子事業部で焼き菓子を購入から自製に切り替えるかどうかの意思決定（第9章）や、新規の店舗出店（第10章）、新製品開発（第13章）環境管理会計（第14章）の意思決定などが検討されている。一方で、業績管理については中期経営計画（第4章）、短期利益計画（第5章）、予算管理（第6章）といった計画機能に加え、計画に含まれる目標の達成状況を評価する業績評価（第7

章および第8章）が行われているが、課題も多い。

❖❖ 部門間の調整の手段

　このような部門間の利害対立を避けて、全社で同じ方向に向かって活動を行うためには部門間の調整を行い、調和のとれた行動を行うことが求められる。調整の手段として伝統的にとられてきたものは、標準化である。各部門が行う業務に関する規則・手続きを明確にすることによって、業務を標準化し、誰でも同じ行動ができるようにする。従業員は規則・手続きに従うことが求められるため、個人の作業や部門の行動に制約が課されるが、規則・手続きの作成プロセスで部門間の調整が可能になる。しかし、業務を行う中で規則・手続きに対処法が明記されていない事態に遭遇することがある。いわゆる例外事項であるが、そうした場面に直面した時には、上司やマネジャーに相談することで対応するという例外管理がとられる。

　しかし、例外事項の発生が増えると、あらかじめ作成された規則・手続きでは対応できない事態に多く遭遇する。この場合は、例外管理も機能しないため、部門がある程度自発的に行動することが求められる。そこで、経営理念や方針に従って戦略を立て、それを実現するための目標や計画を作成し、その実現に当たる。この計画の作成が調整の2つ目の手段である。

　計画の作成に際しては、会社全体の目標にどれだけ貢献できるかを考慮すると同時に、目標の達成に向けてどれだけの資源が必要であるかを具体的に検討する必要がある。また、計画の達成を確実にするために、計画に従って行動した結果、当初の目標が達成できたのかについて評価することも必要であろう。これらが主に、管理会計における業績管理としての役割である。

　計画による調整は、規則・手続きよりも自発的な行動が求められるが、事前に立てた計画に従って行動するため、自発的に何かを決定して行動する範囲が多いわけではない。しかし、企業を取り巻く環境の変化が激しい、つまり不確実性が高い時には、事前に作成した計画が機能しない場合が見られる。このような場合には、調達や生産、営業に関わる最新の情報を素早く集めると同時に、関係する部門間・階層間で情報を共有し、戦略や計画の見直しに反映させることが求められる。こうした部門間での情報共有も調整手段の1つである。

❖❖ マネジメントコントロール

　意思決定支援と業績管理という管理会計の２つの機能は、組織が戦略を実現するためのものである。しかし、戦略の実現を可能にする唯一の方法が管理会計であるわけではない。経営理念に基づく戦略を立て、その実現に向かって計画を立て、行動し、それが実現できたかどうかを評価するというように、PDCA（Plan–Do–Check–Act）のサイクルを回すことが戦略実施の基礎であるが、その実現のためには管理会計手法を導入するだけでは十分とはいえない。たとえば、目標の達成可能性を高めるために、従業員を動機付ける仕組みが必要な場合もある。目標が達成できればボーナスの支給額を上げるとか、人事評価の点数を加点するなどはその一例である。あるいは、経営者が計画を作成し、各部門はその計画に従うというトップダウンによる管理だけでは、従業員が自発的に行動する意欲を失うかもしれない。従業員が自発的に行動するよう促すためには、従業員が目標や計画の作成に関与し、目標や計画が自分たちのものであるという意識を高めることが、計画の実現に向けた行動を後押しする側面がある。そうであれば、計画は経営者によって作成されるだけでなく、各部門で計画の作成プロセスに多くの従業員が関わるというボトムアップのアプローチが重要になるだろう。

　また、調整の手段でも説明したように、市場をはじめとして企業を取り巻く外部環境の変化が激しい時には、計画通りに行動しても結果が伴わないことが考えられる。その場合には、ライバル企業の動向など、企業活動の現場で現れる最新の情報を社内で共有し、自社の計画や戦略に反映させることが必要になる。最新の情報は多くの場合、生産や営業などの現場に現れる。その情報を担当者が理解し、マネジャーに伝え、彼らが計画や戦略に反映させることは簡単ではない。しかし市場において活動する企業にとって、市場が予想とは異なる動きをすれば、それに応じて戦略や計画を変更して問題に対処することは当然必要な要素である。

　このように、戦略の遂行において、トップダウンとボトムアップ、事前の計画に基づく管理に加えて、現場に現れる最新情報を計画や戦略の見直しに反映させるといった部門間・階層間のコミュニケーションを重視した活動など、複数の仕組みを用いて戦略の遂行は図られる。こうした仕組み全体をマネジメントコントロールという。つまり、管理会計は、戦略の遂行のためのマネジメントコントロールの会計情報を中心とした分野といえる。

Column 1 - 1

マネジメントの弊害と克服

　企業にしても学校や病院、自治体であっても、組織である以上、一般的には管理が必要になる。これらの組織は人の集合であり、多くの人が集まることで、個人では果たせない目標の実現を可能にすることができる。しかし、組織に集う人数が多くなるほど、皆が同じ方向に向かって活動することが難しくなるので、経営管理が必要になる。その一方で、経営管理に対する弊害も指摘されている。たとえば目標達成に駆り立てられることで従業員が疲弊したり、職務を規定することで創造性が失われるといったことである。

　こうした管理の弊害を避けるためにも、従業員が自発的に行動することが望まれる。そのために、従業員の行動を動機付ける仕組みとしての報酬制度や、計画作成に参画することで自分のこととして計画を捉えるようになるボトムアップアプローチがとられている。

　しかし、企業が採用する方法はこうした公式的な仕組みだけではない。たとえば、近年、社員食堂の充実を図ったり、社員旅行に力を入れるなど、業務とは別の要件でコミュニケーションをとることで相互理解が進み、仕事がしやすくなるということもある。また、従業員が仕事をする席が決まっていない会社も見られる。こうした取り組みは、経営管理の仕組みとは関係なさそうに見えるかもしれないが、企業内のコミュニケーションを促進したり、そのような文化を醸成するという点では効果的である。そして、仕事のモチベーションを高めたり、コミュニケーションを円滑にするような文化を醸成することが、戦略の実現につながるのである。

　このように、公式的な経営管理の仕組みに加えて、従業員間のコミュニケーションの促進や文化の醸成といった非公式的な仕組みが、戦略の遂行を後押ししている面もある。

　令和堂でも、コーヒーチェーン店の急激な出店増加などで市場環境が大きく変化しており、当初想定しなかったような問題に直面している。こうした不確実性に対応するためにも、計画策定能力を高めるとともに、販売部門やレストラン事業部などで経験する消費者の変化を、事業部長や令子社長が即座に把握できるよう、組織の風通しを良くし、情報共有の仕組みを構築していく必要がある。令和堂は洋菓子事業部と和菓子事業部が独自に商品を販売するだけでなく、レストラン事業部でも

自社の商品を販売している。したがって、消費者の反応や市場の変化などは、レストラン事業部を通じて得られるものも多い。こうした情報は、洋菓子事業部や和菓子事業部にとっても重要な情報であり、こうした情報が事業部間で共有されることも必要である。つまり、情報共有には、縦の階層間での共有と、横の組織間での共有の両方が目指されるべきである。

❖ 管理会計情報の利用者

上記のような意思決定や部門間の調整としての業績管理を行う主体は誰だろうか。会計部門や経営企画部門というように考える人もいるだろう。これらの部門が管理会計と関わりを持つ会社が多いことは事実だが、多くの場合、会計部門や経営企画部門は必要な情報を作成して提供する側であり、直接に管理会計情報を利用するわけではない。

管理会計情報を使用する主体は、主にマネジャーである。彼らは、組織において意思決定を行ったり、部下の活動を評価する立場にある。しかしマネジャーといってもさまざまで、第2章で説明するように、部長、課長、係長、あるいは店長や工場長など、会社によって呼び方は異なるし、組織の階層ごとにマネジャーは存在する。そしてそのマネジャーのトップに位置するのが経営者である。経営者もまた、マネジャーである。つまり、階層や規模は違えども組織のトップに立ち、自部門の目標達成に向けて意思決定を行い、自部門の業績に責任を負う人々が直接的に管理会計情報を利用する。

4 管理会計の特性

❖ 管理会計情報の特徴

管理会計において使用される情報はどのようなものだろうか。その中心となるのは、財務情報である。つまり、貸借対照表、損益計算書、キャッシュフロー計算書といった財務諸表に関わる情報が中心となる。それは、業績管理を行う上で、各部門に目標が設定されるが、その目標には利益や売上、費用といった財務指標が用い

られるためである。また、各経営プロセスの活動を支援するために各部門に資金が配分されることとも関係する。したがって管理会計情報の中心は財務情報となる。

　しかし、用いられる情報は財務情報だけではない。たとえば、生産を管理するためにはコストのような財務情報に加えて、生産量、機械稼働時間、不良率といった指標が用いられる。マーケティングであれば顧客満足度が、環境マネジメントであれば温室効果ガスの排出量などの指標が用いられる。これらは財務指標ではないため、総称して非財務指標と呼ばれる。経営管理を行う上では、財務指標だけでなく、これらの非財務指標も合わせて管理を行うことが重要である。それは、これらの非財務指標が、財務指標だけに注目していては見落としてしまう問題を考慮することを可能にするからである。

　管理会計情報の特徴として、財務情報と非財務情報を利用することに加えて、過去情報と将来情報を用いる点があげられる。財務諸表に掲載される財務情報は、過去の財政状態や経営成績である。しかし、経営を行うためには、目標を設定し、計画を立て、それを実現するためにさまざまな意思決定を行うが、これらはいずれも未来のことを考慮する必要がある。未来のことを考えるためには、過去の情報も参考にするが、それだけではなく、将来起こりそうなことを予測して数値で表現する必要がある。当然、将来の情報は過去の情報と比べて正確性は劣るが、将来の予測の正確性を高めることも、経営において必要な能力なのである。経営学ではよく、「測定できないものは管理できない」といわれる。非財務情報であっても将来情報であっても、それを測定することによって管理対象とすることができるのである。

❖ 財務会計と管理会計の違い

　このように見てくると、管理会計と財務会計の違いが浮き彫りになる。株主への説明責任を果たすための貸借対照表や損益計算書といった財務諸表があり、それを作成するための会計制度や簿記の技術が、多くの人々にとっての会計のイメージかもしれない。しかし管理会計は、財務会計のような制度に基づくものではなく、企業の戦略の遂行を支援するためのものである。そのプロセスで抱える課題は企業によってさまざまであるため、使われる管理会計手法は企業によって異なり、また同じ手法であったとしても企業によってアレンジされて使われることになる。

　さらに、財務会計が対象とする主な情報は過去の財務情報であるのに対して、管理会計は財務情報に加えて非財務情報も用いられ、過去の情報だけでなく将来の情

報を用いることもある。このように、財務会計と管理会計の目的は異なり、それによって情報の利用者と用いられる情報も異なる。しかし重要なことは、管理会計の役割はマネジャーの意思決定を支援し、従業員や組織が目標達成のために行動するよう業績を管理することによって、経営者が策定する戦略の実現を支援することである。この点を理解していれば、管理会計の多様性を受け入れることができるだろう。

❖❖ 管理会計と隣接領域との関係

　管理会計は戦略の遂行を支援するためのものである。戦略は、開発、生産、調達、販売などのあらゆる経営プロセスを通じて実現が目指されるものであるため、管理会計はあらゆる経営プロセスと関わる。したがって、経営学の多くの分野と境界を共有する。戦略の遂行を支援することが管理会計の目的であるので、当然ながら戦略との関係は深い。ただし、戦略は管理会計にとって所与であるだけでなく、管理会計が戦略の策定に影響する側面もある。また、管理会計は各組織のマネジャーによって使用されるため、組織の構造によって管理会計の仕組みは変化する。さらに、生産や流通、商品開発といった場面でどのような問題に直面するかによって、必要となる管理会計情報は異なるだろう。

　また、従業員を経営者の戦略に沿って行動させるためには、管理会計を人事評価や動機付けの仕組みと連携させることが有効な事例も多くの企業で見られる。このように、管理会計の範囲は多くの経営プロセスにわたり、他の多くの経営学の領域と隣接する。したがって、管理会計をよく理解するためには、経営学の多くの分野に関心を持って勉強することが求められる。

5 おわりに

　管理会計を活用するときに一番大切なことは、その意味を考えることである。管理会計には多様な手法があるが、経営の現場にこれらを杓子定規に適用しても、うまく行くとは限らない。現場を動かすためには、現場の論理と、現場をどの方向へ持って行きたいかの方向付けが大切である。

　そのためには、手法の内容よりも、意思決定や業績管理のロジックを理解するこ

Column 1 - 2

管理会計の歴史

　管理会計は、1900年代初頭のアメリカ企業で生まれたといわれる。この時代のアメリカでは、大企業の多くが職能別組織を採用していた。そこで職能部門間の活動の調整を行う必要があった。また、部下の活動をコントロールする必要もあり、予算管理が用いられた。このように管理会計が主に経営者に用いられた一方で、第1次世界大戦後の不況期には、生産現場における作業能率の向上が重要課題となり、標準原価計算に対する関心が高まった。科学的管理法に見られるように、作業者の行動を記録し、標準を作成し、その標準通りの作業ができているかを記録して評価するという標準管理が行われることになる。

　1920年代頃には、化学会社のデュポン社では、事業部を管理するために、資本利益率を頂点とする管理システムを構築するに至る。ハーバード大学の教授であったアルフレッド・チャンドラーは、このような管理システムを「見える手」と名付け、管理会計を中核とする「見える手」が近代企業を形成したと論じた。その後、事業部制組織が普及し、事業部に責任と権限を委譲する中で、事業部の利益計画の作成と評価が重視されるようになり、事業部の業績測定が主たる課題になった。そこで、変動費・固定費の分類を用いた直接原価計算が発展した。

　このように、現代の管理会計の教科書で扱われる管理会計の多くは、事業部制組織が登場する1920年代頃までに開発されていたといわれる。しかし、その後、JIT（Just in Time）生産システムに見られるような新しい生産管理手法の発展、急速な情報技術の発達、消費者ニーズの多様化、環境問題や社会的責任の要請などによって、現代の企業が抱える経営管理上の課題もまた変化しており、そうした新たな課題に応える管理会計手法が現在も開発され続けている。

との方が先決である。この手法を使ったらどのような意思決定に役立つのかではなく、このような決定をしたいからどのような情報が必要であるのかというように、考えることが必要になる。本書では、令和堂の例を用いて説明しているのも、このような考え方と手法を組み合わせて理解してほしいためである。

　また、会計数値を経営に活用する場合は、会計数値に反映されていないさまざまな問題や状況に気を配ることも大切になる。業績管理の場合などは特にそうであるが、会計数値だけで成果を評価しようとしてもうまく行かない場合が多い。最初の計画に無理があったのかもしれないし、突発事項が発生したのかもしれない。

会計情報は使い方によっては、大きな効果を発揮するが、間違うと逆効果にもなる。大切なことは、情報を活用する意味である。そのためにも管理会計の基本的な考え方を理解することが大切になる。

❓ 考えてみよう

　皆さんの家族や知り合いで会社に勤めている方がおられたら、その会社でどのように業績が管理されているか聞いてみよう。そこで、会計情報はどのように利用されているかを調べてみよう。

次に読んで欲しい本

伊丹敬之、青木康晴『現場が動き出す会計―人はなぜ測定されると行動を変えるのか』
　日本経済新聞出版社、2016年。
谷 武幸『エッセンシャル管理会計（第3版）』中央経済社、2013年。
チャンドラー・A.D.（鳥羽欽一郎、小林袈裟治訳）『経営者の時代―アメリカ産業における近代企業の成立』東洋経済新報社、1979年。

第 2 章

組織を構成する

第1章
第2章
第3章
第4章
第5章
第6章
第7章
第8章
第9章
第10章
第11章
第12章
第13章
第14章
第15章

1 はじめに

　本章では管理会計の学習の基礎となる組織の設計について学んでいこう。本書で学習しているみなさんの多くは、アルバイトの経験はあっても、会社が複数の組織で構成されていることを実感することはほとんどないのではないだろうか。そのため令和堂の組織構造をもとに、組織が上司と部下のつながりによって構成されていることを理解してほしい。これは、管理会計を学習する上で非常に重要な点である。

　そのうえで組織のマネジメントの基本となるいくつかの考え方を学んでいこう。管理会計は、それぞれの組織が自分たちのマネジメントの目的に応じて選択したり、設計できるので、とても自由に利用することができる。ただし、みなさんが学習する際には、本書で事例として取り上げる令和堂のように一定以上の規模があって、上司と部下の階層が明確な組織をイメージすると理解しやすいだろう。

　そのため本章では、Column 2 - 1 で紹介している上司の役割と、職能別組織と事業部制組織といった組織の構造の考え方を前提に、上司から部下に対して責任が設定され、それに伴って会社の資源を利用する権限が委譲される関係性について学んでいく。そのうえで業績評価のルールとなる管理可能性原則、マネジメントの基礎となるマネジメントコントロールの枠組みについて紹介していく。

2 令和堂における上司と部下の関係

　令和堂は、シュークリームやカップケーキなどを販売する洋菓子事業部と、牛乳かりんとうや紫いもかりんとうなど10種類以上の味を楽しめるかりんとうを主力商品とする和菓子事業部、およびレストラン事業部を擁している。従業員は約800人、会社の役員は5人いる。本州（首都圏、東北、東海北陸、関西、中国）に5カ所の工場と9つの営業所を構えている。販路は店舗だけでなく、デパートやスーパーマーケット、コンビニのプライベートブランド（PB）の製造をするとともに、首都圏に30店舗の直営のレストランも運営している。

　これだけ事業が多角化してくると、令子社長がすべての業務を管理することはできない。5カ所の工場と9つの営業所、30店舗のレストランを合計すると44カ所

の職場が点在しており、1日1カ所ずつ見ていっても、それだけで2カ月近くかかってしまう。実際には社長は全社の経営方針を考えたり、新しいビジネスの可能性を話し合ったり、新しい出店や会社の資金繰りについて検討するなど、会社全体のことを考える仕事をしている。そのため現場の業務をはじめとした多くの仕事は、従業員に任せることになる。スーパーマーケットの担当者への営業活動や、工場での洋菓子の製造、新しい商品を開発したり企画する会議など、多くの業務は各事業部の事業部長を中心にそれぞれの従業員が責任を持って取り組むことになる。管理会計はこのような仕事を部下に任せて、それを上司が管理するときにとても役に立つ仕組みである。

　図2-1は令和堂の組織図を示している。この組織図には会社のトップである社

【図2-1　令和堂の組織図】

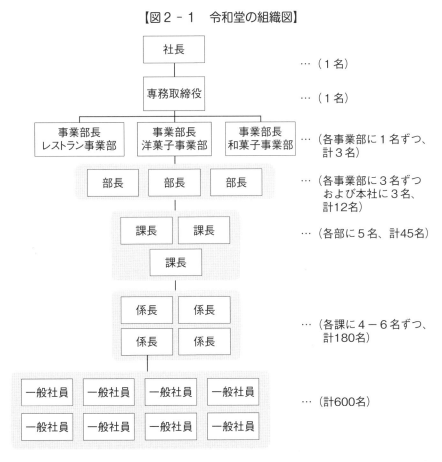

社長 … （1名）

専務取締役 … （1名）

事業部長 レストラン事業部　事業部長 洋菓子事業部　事業部長 和菓子事業部 … （各事業部に1名ずつ、計3名）

部長　部長　部長 … （各事業部に3名ずつおよび本社に3名、計12名）

課長　課長　課長 … （各部に5名、計45名）

係長　係長　係長　係長 … （各課に4-6名ずつ、計180名）

一般社員　一般社員　一般社員　一般社員　一般社員　一般社員　一般社員　一般社員 … （計600名）

長が部下に仕事を任せている関係性が描かれている。社長と専務取締役の２人と、事業部長の３人は会社の役員として、組織の階層の最も上の部分を構成する。令和堂の事業部は洋菓子事業部、和菓子事業部、レストラン事業部によって構成されている。またそれぞれの事業部ごとの売上高は図２‐２に示されている。

【図２‐２　2020年３月期の令和堂の事業部別売上高構成比】

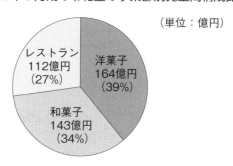

（単位：億円）

令和堂のように、異なる市場ごと（製品別や地域別）に事業組織を設定する組織構造のことを事業部制組織と呼ぶ。現在、たとえばカルビーやサントリーといった会社は、この事業部制組織という組織構造を採用している。これと対比される組織構造として、職能別組織という組織構造がある。中小企業やベンチャー企業など規模の小さな会社ではしばしば採用される組織構造である。図２‐３の左は職能別組織の組織図で、本社の下に販売、生産、経理などの職能別に組織が構成されている。販売店舗は販売部門の中に組織されており、洋菓子を販売する店舗も和菓子を販売する店舗も同じ販売部門のなかで運営されている。

図２‐３の右は事業部制組織の組織図であり、本社の下に各事業部が描かれている。またそれぞれの事業部の下に、職能別組織と同様に販売、生産、経理などそれぞれ特定の活動をする部門が組織されている。販売店舗は各事業部の販売部門に所属するため、洋菓子を販売する店舗は洋菓子事業部の販売部門に、和菓子を販売する店舗は和菓子事業部の販売部門に、それぞれ所属している。

ベンチャー企業など新しく会社を立ち上げた直後には、扱う製品数が少なく、また部門ごとの専門性を深めていく必要があるので、しばしば職能別組織が採用されている。しかしながら事業活動が大きくなると、海外に進出したり、製品を多角化するなど、地域や製品、顧客層などの市場ごとに目指す製品開発の方向性や営業活動の方針などに差が出てくる。このとき事業部制組織はそれぞれの市場（洋菓子市

【図2-3　職能別組織と事業部制組織】

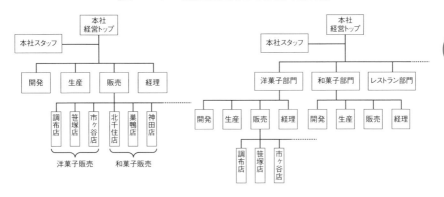

場や和菓子市場など）に特化して、製品開発や販売戦略を設定することができるため、組織が一定以上大きくなり、市場への迅速な対応の重要性が高くなると事業部制組織が採用されるようになる。

Column 2-1

上司って何をしているの？

　学生のみなさんが経営学を学ぶなかでつまずきがちなポイントの1つが、「組織」という考え方ではないだろうか。図2-1にある令和堂の組織図を見ても組織に上下関係があることや役職名が付いていることはわかるかもしれないが、それぞれの人の関係はあまり想像できないのではないだろうか。

　そこで本書で管理会計を学習するにあたって次の2つのことを押さえておくとよい。⑴上司と部下で仕事が分業されているということ、⑵上司は部下に仕事を任せているということである。

　上司の仕事は次の4つに分類することができる。

　a．現場の評価
　b．現場への直接介入
　c．部下の働く環境を整える
　d．現場に任せていない意思決定

　部下に仕事を任せているのでa.にあるように、その結果の良し悪しを定期的に評価することが必要になる。それとともに売上高が伸びなかったり、想定外のコストが発生するなど現場に問題があったときに、b.にあるように上司が現場に直接介入して問題を解決することも必要になる。また部下が頑張れるような組織の雰囲気を作ったり、部門ごとのルールを作ることで、c.にある部下の働く環境を整えることも上司の役割である。この3つが部下を管理する仕事で、上司の仕事のなかでも大きなウェイトを占めている。これに加えて設備の投資意思決定や広告の出稿などd.にある現場に任せていない意思決定も上司の仕事となる。

　このとき管理会計は部下を評価するための基準となる数値を売上高やコストといったかたちで提供したり、管理会計システムの設計そのものが部下の働く環境を作り上げるシステムの1つとなっている。特に本章の第3節、第4節では業績評価のための管理会計の考え方について紹介している。また現場に任せていない意思決定の1つが第10章で扱う投資意思決定であり、そこでも管理会計は活躍する。

3 責任の設定と権限の委譲

　図2-3の事業部制組織のように、社長は各事業部長を、それぞれの事業活動の責任者に任命する。たとえば洋菓子事業部の事業部長は、商品を売り上げることだけでなく、その商品を企画し、製造する一連のプロセスに責任を負っている。このとき、洋菓子事業部にある15店舗で事業部長が接客したり、工場でケーキを作ったりすることは基本的にない。部下に任せて仕事を進めていくのが事業部長など、組織のマネジャーと呼ばれる人たちの働き方である。そのためには部下の育成や働きやすい職場環境の整備や、市場の動向に応じた洋菓子事業の戦略の立案など、直接、商品の価値を作り出すことに関わらない業務を行っている。

　このように組織の仕事は、経営トップから順番に部下へと仕事が任されていく。この任せることを、責任の設定と権限の委譲という呼び方をしている。仕事を任せるときには、責任が設定される。たとえば洋菓子部門にある武蔵小杉店について考えると、店長は売上に責任を負う。月ごとに売上目標が設定され、その目標が達成されているかどうかによって店長は自身の仕事上の責任を果たしているのかどうかが評価される。また同時に、仕事を任せるときには権限も与えられる。店長はどのようなシフトでどれだけのアルバイトを雇うのか、またどのタイミングで、どの商品を、どれだけ注文するのかといった、店舗運営に必要な意思決定をすることができるようになる。こうした権限は本来、事業部長が有するものだが、事業部長がすべての店舗のアルバイト従業員の管理まではできないので、権限を店長に委譲しているのである。

　会社の各部門は、そこを担当するマネジャー（店長や、課長、部長、事業部長など）の責任の種類に応じて、コストセンター（費用責任）、プロフィットセンター（利益責任）、インベストメントセンター（投資責任）といった責任センターに分類することができる。そしてこの責任センターの設定は、管理会計の重要な役割の1つである業績評価をするための組織構造の基礎となる。

　コストセンターを担当するマネジャーは、与えられた業務の遂行とそれにかかるコストの管理に責任を負っている。たとえば工場長はコストセンターのマネジャーの典型となる。令和堂ではケーキの製造を工場で一括して行っている。これを管理する工場長は、製造部長という肩書きで工場を管理している。工場長は各店舗から

注文の入った数のケーキを決められた期日までに製造し届ける責任（与えられた業務の遂行）と、そのケーキを作るのにかかるコストを決められた基準内に収める責任（コストの管理）を負っている。職能別組織の各部門や、事業部制組織の各事業部の下に配置されている開発、生産、販売などの各部門はコストセンターに分類される。

　管理会計では「責任を負っている」とは、それに対応した指標（数字）によって担当のマネジャーが評価されるということを意味する。そのため工場長は、たとえば期日までに決められた数量を顧客に届けられたかどうかを、納品率という指標で評価される。また他方でケーキを製造するのにかかる製造原価が、目標として設定される基準内に収められているかどうかによって評価される。評価は、目標の達成度を見るものであり、各部門が目標を達成できると、全社目標の達成につながる。したがって、各部門の目標達成を動機付けるために、達成できればボーナスの増加や昇進につながるし、達成できなければ問題の原因を探るように指示されるとともにボーナスが低くなることもある。

　次にプロフィットセンターは、コストだけでなく売上も管理する責任を負っている。たとえば令和堂では、事業部長はプロフィットセンターのマネジャーとなる。事業部長は生産、販売、利益計画の権限が与えられており、それに伴って市場への責任（＝利益への責任）を負うことになる。業務の遂行に対して社内で評価されるコストセンターと比べ、プロフィットセンターのマネジャーは社外への販売とそのための費用に対する結果によって評価される。

　図２－３の事業部制組織の図では、本社の経営トップのすぐ下に各事業部が配置されていた。職能別組織であれば本社の経営トップが直接コントロールしていた開発、生産、販売などの各部門は、洋菓子事業部や和菓子事業部の下に属している。各事業部が開発、生産、販売などの各部門を備えて自己充足的な組織として設定されることで、本社のトップマネジメントは日々の業務的決定から解放され、戦略的決定に専念できるようになる。業務的意思決定とは既存の組織を前提とした意思決定であり、ここでは消費者や顧客に製品を提供するための開発や生産、販売の各業務に関連する意思決定となる。戦略的意思決定とは組織構造の変更や新規の資産投資に関する決定で、たとえば新規事業の計画や生産工場の増設など会社の大きな方向性を決める意思決定などを意味する。

　このように事業部制組織を採用することの目的は、組織のマネジメントを戦略的決定と業務的決定に分離することである。その意味で事業部制組織は分権的組織と

いえる。会社が大きくなると、経営トップである社長がすべての製品の生産や販売に関する問題に対応していては時間が足りない。そのため開発や生産、販売といった各業務の権限を事業部長に与えることで、各事業部長が責任を持ってライバル企業の動向や流行などに伴う消費者や顧客のニーズの変化に迅速に対応できるように組織の能力を向上させる。

このように事業部制組織は、分権的組織で、自己充足的であり、市場責任、つまり利益責任を負っているといえる。プロフィットセンターとして運営されるとき、事業部長は営業利益などの利益の概念によって評価されることになる。これらの概念は一見するとシンプルだが、自分の部下である販売店舗の店長や、生産部長である工場長の活動結果を集約するものになるので、たくさんの部下を管理しなければ目標を達成することが難しく、とても大きな責任を任されているといえる。

また事業部のなかには、このプロフィットセンターを拡張した概念であるインベストメントセンターに分類されるものもある。インベストメントセンターでは、利益責任に加えて設備の購入や、工場や販売店舗の建設、企業の買収といった投資決定にも権限を与えられ、それらの結果、事業活動のために投下された資本に責任を負う。ここで投下資本とは、企業が事業活動をするために投じた資金であり、事業部を管理する場合にはマネジャーの管理範囲にある資産を意味する。そのため営業利益などの利益の指標と投下資本利益率（Return on Investment：ROI）などの利益率の指標の両方によって評価されたり、残余利益（Residual Income：RI）などの投下資本を考慮した利益概念によって評価されることになる。これらの指標については第7章で詳しく学習する。

令和堂の洋菓子事業部、和菓子事業部、レストラン事業部などの事業部長は、インベストメントセンターのマネジャーでもある。たとえば洋菓子事業部の事業部長は、3年間で30%の売上増という目標を立てている（第4章参照）。この目標を達成するためには、販売量を拡大する1つの方法として販売店舗を増やすことが考えられる。そのためには新規の販売店舗を出店することが必要になるため、店舗の建物や商品をディスプレイするための棚などを購入することが必要になる。投資に対しても責任を持つ洋菓子事業部の事業部長は、これらの出店を決める権限を与えられているとともに、その投資への負担も業績評価の中に反映されるので、上手に投資をやりくりすることも求められる。

4 管理可能性の考え方

　このように責任を割り当てられ、それとともに権限が委譲された責任センターの
マネジャーたちは、先にも述べたように売上高や利益率などの目標に基づいて業績
を評価される。このとき、業績評価の仕組みを設計するためのルールとして管理可
能性基準というものがある。管理可能性基準とは、責任センターにとって管理可能
なコスト、収益、使用資本の要素だけを当該責任センターに区分・集計すべきであ
るとする基準である。

　企業では表2‐1のように組織の部門ごとにコストや収益などさまざまな会計数
値を集計し、目標と比較したり、前年や前月の実績と比較したりするなど分析し、
その結果は上司に報告される。管理可能性基準はこの部門ごとの実績表を作成する
際に参考となる基準である。

【表2‐1　洋菓子事業部の業績レポート】

（単位：百万円）

| | 2020年3月期 | | | |
	予算	実績	予算比	前年比
売上高	23,656	23,305	98.5%	107.8%
売上原価	5,520	5,620	101.8%	108.6%
売上総利益	18,136	17,685	97.5%	107.5%
販売費及び一般管理費	16,760	16,700	99.6%	109.3%
営業利益	1,376	985	71.6%	84.0%

　たとえば洋菓子事業部のケーキ工場にあるスポンジ製造課の実績表をイメージし
てみよう。そこにはスポンジの原材料費となる小麦粉や砂糖などの購入費、製造ラ
インで仕事をする人たちの労務費が集計されることになる。これらのコストの増減
に対してスポンジ製造課の課長は直接影響を与えることができるので管理可能費と
なる。ここで管理可能費とはマネジャーがその費用の発生額に対し、実質的に影響
を及ぼすことができる費用のことをいう。事業部長は小麦粉や砂糖の購入先やその
品質、スケジュールなどに影響を及ぼすことができるのでこれらの支出は管理可能
であると判断できる。

Column 2 - 2

パナソニックの事業部制組織

　事業部制組織を採用する企業の例としてパナソニックをあげることができる。パナソニックは1933年に創業者の松下幸之助がラジオ部門、ランプ・乾電池部門、樹脂・電熱器部門というように商品ごとに自主的に責任を負って経営を行えるように事業部制を導入した。その後、2001年から2013年の12年間はその体制が途切れたものの、現在も事業部制を踏襲している。2019年３月現在、会社の規模が大きくなったためアプライアンス社やエコソリューションズ社など４つのカンパニーに分かれ、各々のカンパニーで事業部を設定し、パナソニックグループ全体で34の事業部によって構成されている。

　トヨタ自動車と比較するとパナソニックが早くから事業部制組織を採用してきた理由が明確になるであろう。トヨタ自動車はあれほど大きな組織であるが、国内で販売されている車種の数は150を下回る。販売は国内や北米、欧州のようにエリアごとに分かれているが、基幹となる技術はしばしば共通化できるため、製品開発や製造技術に関わる部門は全社で共通して組織されている。

　これに対して、パナソニックはテレビ、パソコン、ヘアケアなどの商品カテゴリーが150を超えており、それぞれのカテゴリーのなかにも数十点以上の商品を抱えている。また技術の特性も多様であるため製品開発から製造、販売までを一貫して担当する事業部制組織と相性が良い。このように組織構造の選択は、単に組織の規模だけでなく、製品やそれらを開発、製造するための技術の多様性が影響しているといえる。

　一方でスポンジを焼くためのベルトコンベア型のオーブン設備の減価償却費はどうであろうか？　スポンジ製造工程で毎日使用しているためこれも管理可能費のように思うかもしれない。しかしながら、課長には設備に投資する権限がない。そのためこれはスポンジ製造課にとって管理不能費となる。ただし、上司であるケーキ工場の工場長にはオーブン設備への投資権限があるため、工場長にとっては、オーブン設備の減価償却費は管理可能費となる。同じコストであっても組織の階層に応じて管理可能費となったり、管理不能費になることを確認して欲しい。組織の階層を上に行くほど管理可能な範囲が大きくなり、経営トップである社長にとってはすべてのコストや収益、資産が管理可能性の範囲に収まる。

　管理可能性基準がルールとして設定される背景には、コストや利益などの評価指

標の算定に際して管理可能でないものが集計されると、その責任センターのマネジャーが不満を感じることが心配されるからである。業績評価のルールに基づく不満は、しばしばモチベーション（やる気）の低下につながる。ただし組織の階層が高くなり、プロフィットセンターのマネジャーになると、事業部利益を計算するために、本社が管理する情報システムに関わる費用など、管理可能でない要素が部門の業績として集計されることが一般的だといえるだろう。

5 コントロールと組織の階層

　管理会計と組織の関係に注目して、最後に管理会計の射程を確認しておこう。組織における活動は図2-4にあるように階層との関係で大きく3つに分けることができる。1つ目は経営トップ（図2-1の令和堂の組織図でいうと社長、場合によっては取締役を含む）が担当する戦略策定という仕事である。戦略策定とは、どんな製品をどんな市場で提供するのか、どのようにして製品を準備するのかといった会社の大きな方向性を決める仕事である。たとえば令和堂の場合には洋菓子や和菓子に加えて点心事業を新しく始めるとか、本州だけでなく四国、九州地区にも進出するなどの市場の選択や計画が戦略計画にあたる。また新しい事業を始めるには

【図2-4　管理の階層と機能】

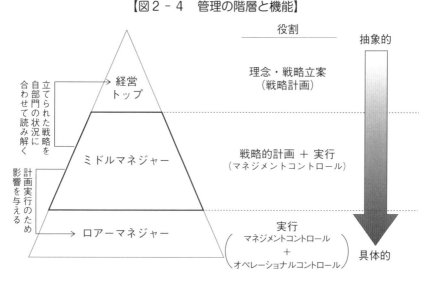

工場の増設や設備の増強、配送センターの設置などについても計画することが必要となる。

　これらの計画は抽象度が高いため、具体的に実行するためには目標数値に落とし込むことや、部門ごとに役割を割り振っていくことが必要になる。これが２つ目のマネジメントコントロールという仕事である。経営トップ、およびミドルマネジャー（図２−１の組織図でいうと事業部長、部長、課長がこれにあたる）がマネジメントコントロールを担当する。ミドルマネジャーは経営トップによって立てられた戦略を自分たちの部門の状況に合わせて読み解いて、年度ごとに必要な売上や、それにかかるコストなどを計画するとともに、実際の実行段階でも各部門の進捗状況を管理する。マネジメントコントロールの特徴は、実際の個別の営業活動のように消費者を対象としたり、製造活動のように商品などのモノを対象とするのではなく、それらの活動を実行する部下や部門、つまりヒトが管理の対象となっているところにある。

　３つ目はオペレーショナルコントロールと呼ばれ、経営活動の具体的な実行を管理する役割を担う。現場に近いロアーマネジャー（図２−１の組織図でいうと係長）が一般社員に指示をしながら、消費者を対象とする営業活動や製品を対象とする製造活動を管理する。どのような接客をしたり、どういった製品を重点的に販売することで洋菓子店舗の売上を上げることができるのかだとか、どういった工場レイアウトや順番でケーキやシュークリームを作ると効率的に製品を製造できるのかといった現場の作業を実行する場面での管理の仕事となる。

　これら３つの階層で主として利用される管理会計の仕組みが異なってくる。会社の大きな方向性を決める戦略計画の段階では財務分析の手法（第３章）や中長期計画の枠組み（第４章）、設備投資決定の手法（第10章）などが、計画立案に必要な財務情報の提供に用いられる。戦略を読み解き計画実行のために部下を管理するマネジメントコントロールの段階では、利益計画の仕組み（第５章）や予算（第６章）、業績を評価する手法（第７章）、管理のための指標（第８章）が用いられる。営業活動や製造活動を通じて具体的に計画を実行するオペレーショナルコントロールの段階では、現場の意思決定を支援する枠組み（第９章）や生産管理（第11章）や製品原価（第12章）、製品開発（第13章）、環境管理（第14章）の手法が用いられる。

　実際にはこれらの階層ごとの分類は決して厳密なものではない。たとえば予算管理や業績評価の仕組みなどは複数の階層にまたがって運用されるし、製品原価は管

理会計システム全体の基礎となるデータを提供するものでもある。また現場で働く従業員がライバル企業を分析するために財務諸表分析を行ったり、製品開発や環境管理の情報を戦略計画に用いることもある。しかしながら大まかにでも組織階層との関係を整理しておくことで、それぞれの管理会計の手法の特徴をイメージしやすくなるだろう。

6 おわりに

　本章では、管理会計を学習する際に基礎となる組織の概念について学習してきた。コラムで扱った上司と部下の関係はマネジメントを学習するうえでの基本となるため、よく理解できるようにしておいてほしい。

　また職能別組織と事業部制組織の違いを説明したうえで、業績評価のための管理会計の基本概念として、コストセンター、プロフィットセンター、インベストメントセンターといった責任センターの違いについても紹介した。これらの概念は、コストや利益などの会計数値を集計するためのルールである管理可能性基準と合わせて、管理会計の仕組みを設計するための基礎となっている。

　最後に組織階層ごとのマネジャーに期待される役割と、それぞれの仕事の特徴について戦略計画、マネジメントコントロール、オペレーショナルコントロールに分けて学習した。それぞれの階層ごとに主として異なる管理会計が使われる傾向にあることを押さえておくと、管理会計を学習するうえでの混乱が少なくなるだろう。

？ 考えてみよう
　洋菓子事業部が、本社の人事部門で発生するコストの一部を負担することは組織マネジメントにどのような影響があるか、管理可能性の考え方に照らして考えなさい。

次に読んで欲しい本
サイモンズ・R.（伊藤邦雄監訳）『戦略評価の経営学―戦略の実行を支える業績評価と　会計システム』ダイヤモンド社、2003年。
沼上 幹『組織戦略の考え方―企業経営の健全性のために』筑摩書房、2003年。

第 3 章

経営を分析する

1 はじめに

　経営者は自社の戦略や経営計画を立案するために、会社全体の状況を知らなければならない。そのためにはさまざまな資料に目を通すことになるが、そのうちの最も重要なものの1つが財務諸表である。貸借対照表と損益計算書を中心とする財務諸表には、企業の経済活動の結果が表現されている。また、その形式は基本的に他社と同じであるため、同業他社と比較することで、自社の状況をよりよく理解することができる。

　私たちが目にする財務諸表は通常、会社全体のものであるが、企業内部では事業部ごとの財務諸表も存在する。事業部長であれば、自分が統括する事業部全体の財務諸表を分析して、事業部戦略を検討する必要がある。財務諸表を分析する必要があるのは、経営者や事業部長といったマネジャーと呼ばれる人たちだけではない。たとえば営業部に所属している従業員は、取引先の財政状態がわからないと、その会社と取引を行って良いのか、判断ができない。それは、掛取引を行った際、売上債権を回収できない可能性があるからである。

　したがって、財務諸表を用いた経営分析は、株主や投資家にとって重要であるだけではない。経営者や事業部長をはじめとした内部管理においても重要なものである。

2 令和堂の経営成績と財政状態

　社長1年目の栗原令子社長は、厳しい1年間を過ごした。これまでも父親の仕事を近くから見ていたつもりだったが、実際に社長として取り組むことは、想像を超えるものであった。2020年4月の経営会議において、各事業部の業績を集約した全社の財務諸表について報告を受けた。これまで毎月、経営会議において各事業部の月次の業績報告を受けており、業績が良くないことはおおよそはわかっていたが、実際にその報告を聞き令子社長は表情を曇らせた。

3 財務諸表を分析する

　損益計算書と貸借対照表は企業の経済活動に関する情報を豊富に提供している書類である。そのため、これらの財務諸表を見てわかる情報がたくさんある一方で、表3‐1のように過去の財務諸表と比較したり、また他社のそれと比較することからわかることも多くある。この第3節ではまず、損益計算書と貸借対照表の基本的な読み方を確認し、次の第4節では2つの財務諸表を組み合わせた分析について学習する。

❖ 損益計算書を読む

　令和堂は売上高の増加を経営目標の1つに掲げているため、売上高と利益の推移が令子社長の最大の関心事である。そこで損益計算書を上から順番に見ていこう。2020年3月期の売上は前年度と比べて減少しており、改元に合わせたロールケーキの販売や高級商品の販売などを行ってきたが、そうした取り組みも増収にはつながらなかった。その一方で売上原価は増加しており、これは品質の高い材料を積極的に使用したことによるものである。この結果、商品売買による粗利を表す売上総利益も減少した。この売上総利益については、金額だけでなく、売上高に占める売

【表 3 - 1　令和堂の貸借対照表と損益計算書】

（単位：百万円）

貸借対照表	2019年3月31日	2020年3月31日
資産の部		
流動資産	18,585	11,410
現金及び預金	2,141	1,635
受取手形及び売掛金	4,553	4,502
有価証券	8,899	1,500
棚卸資産	1,270	1,486
その他流動資産	1,722	2,287
固定資産	24,571	32,232
資産合計	43,156	43,642
負債の部		
流動負債	5,208	5,517
支払手形及び買掛金	1,562	1,468
その他流動負債	3,646	4,049
固定負債	12,214	11,900
長期借入金	2,300	2,300
その他固定負債	9,914	9,600
負債合計	17,422	17,417
純資産の部		
純資産	25,734	26,225
資本金	3,400	3,400
剰余金	22,334	22,825
純資産合計	25,734	26,225
負債・純資産合計	43,156	43,642

損益計算書	2018年4月1日〜 2019年3月31日	2019年4月1日〜 2020年3月31日
売上高	41,900	41,357
売上原価	24,584	24,758
売上総利益	17,316	16,599
販売費及び一般管理費	15,879	15,762
営業利益	1,437	837
営業外収益	200	168
営業外費用	47	33
経常利益	1,590	972
特別利益	450	167
特別損失	600	221
税引前当期純利益	1,440	918
法人税、住民税および事業税	252	161
当期純利益	1,188	757

上総利益の割合である売上高総利益率も前期の41.32%から40.13%に減少している。

　販売費及び一般管理費は前年度とほぼ変わらず、その結果、本業の儲けを表す営業利益は売上総利益と同様に減益であった。また売上高に占める営業利益の割合である売上高営業利益率は2.02%であり、前年度の3.43%と比べて減少している。この売上高営業利益率が、売上高総利益率と比べて大きく減少していることがわかる。これは、チェーンとして多くの店舗を展開する令和堂は、企業全体を運営・管理するための費用である一般管理費と、消費者に商品を売るための費用である販売費が大きいためである。また、令和堂では次年度以降、中期経営計画に沿って、店舗の新設などを検討しており、これに伴って販売費及び一般管理費が増大することが予想されるため、それを吸収できるだけの売上増加策を打ち出すことが急務である。

　さらに、本業以外で経常的に発生する収益・費用として、主に金融収益・費用（受取利息・配当金、支払利息・割引料）を考慮した営業外収益・費用は、前年度と比べてそれぞれ小さくなっており、両者の差は営業外収益のほうが大きいが、この差額は前年度と比べてわずかに小さくなっている。特別利益・特別損失も前年度に比べて小さくなっている。これらのことから、当期純利益の減少は、主に売上高の減少と売上原価の増加に起因すると考えることができ、この問題に対処することが経営者として最重要課題であることを、令子社長は改めて認識した。

売上高利益率の計算式	令和堂の売上高利益率
売上高総利益率（%）＝ $\dfrac{売上総利益}{売上高} \times 100$	$40.13\% = \dfrac{16,599}{41,357} \times 100$
売上高営業利益率（%）＝ $\dfrac{営業利益}{売上高} \times 100$	$2.02\% = \dfrac{837}{41,357} \times 100$

❖ 貸借対照表を読む

　令和堂の貸借対照表から、財政状態を読み取ろう。財政状態を見る上で重要な視点は、企業の安全性である。安全性とは、企業の財務構造や資金繰りが健全であり、債務が返済できずに倒産に陥ることがないかどうかから判断する。したがって、企

業の安全性を判断するために考えるべきは、短期的な債務の返済能力である。他方、長期的な視点から安全性を評価することも重要であり、そのためには、他人資本と自己資本の関係や、長期にわたって保有する固定資産がどのような資金で賄われているのかについて注意を払う必要がある。

　短期的な安全性を考えるときには、1年以内に返済期限が到来する債務（流動負債）を返済できるかどうかが重要である。これを返済できる原資を持ち合わせていないと、企業はさらに借り入れを行って返済に充てるか、借り入れができない場合は倒産することになる。企業は利益が獲得できないと倒産するわけではなく、債務が返済できないときに倒産するのである。したがって、短期的な債務の返済能力は貸借対照表を分析する上で非常に重要な点である。

　図3‒1を見ると、1年以内に返済期限が到来する流動負債よりも流動資産が大きいことから、流動負債の返済に充てる原資は確保できていることがわかる。これは、下記の式のように流動比率として表すことができる。

$$流動比率 = \frac{流動資産}{流動負債}$$

流動比率は高いほど安全性は高く、一般に100%以上であることが望ましい。

【図3‒1　令和堂の貸借対照表　2020年3月期】

流動資産 11,410百万円	流動負債 5,517百万円
	固定負債 11,900百万円
固定資産 32,232百万円	純資産 26,225百万円

令和堂の場合、流動比率は206.81％であるので問題はないといえる。

　次に、長期的な安全性について分析するために、固定資産の調達源泉についてみてみよう。固定資産は長期にわたって保有することを目的とした資産であるため、その資産獲得に要した資金の調達源泉は、返済の必要がないもの（純資産）か、もしくは返済義務が短期的に到来しないもの（固定負債）で賄われていることが望ましい。令和堂の場合、固定資産は純資産だけでは賄えていないものの、純資産と固定負債の合計では賄えていることがわかる。これは固定比率と固定長期適合率で表現することができ、計算式は下記の通りである。

$$固定比率 = \frac{固定資産}{純資産}$$

$$固定長期適合率 = \frac{固定資産}{純資産＋固定負債}$$

　この比率は、小さいほうが望ましく、固定比率は100％以内が安全とされている。令和堂の固定比率は122.90％であり、固定長期適合率は84.54％である。

　最後に、資金の調達源泉について見てみよう。貸借対照表の貸方は負債である他人資本と株主資本を中心とする自己資本で構成される。返済義務のある他人資本よりも、返済義務のない自己資本が多いほうが、資金使途の自由度は高まる。純資産が負債を上回っている状態、つまり負債比率が100％以下であることが望ましい。

$$負債比率 = \frac{負債}{純資産}$$

　令和堂の負債比率は66.41％であり、100％を下回っていることから、望ましい状態といえる。なお、資金の調達源泉について自己資本に注目した指標として自己資本比率（自己資本/総資産）もよく用いられる。このように、貸借対照表の分析は、短期的、長期的な安全性を確認することが主要な課題となる。令和堂は、貸借対照表を見る限り、安全性については良好であるといえる。

4 収益性を分析する

　安全性の分析に対して、利益獲得能力を分析するのが収益性分析である。損益計

算書に利益の金額は表示されているが、この金額が人きいからといって必ずしも収益性が高いとはいえない。なぜなら、利益を獲得するために用いる資本の金額は、企業の規模によって異なるからである。たとえば、資産が100億円の企業と、10億円の企業がそれぞれ1億円の利益を上げたとしても、活用している資本の効率性が違うことは理解できるであろう。つまり、企業の収益性を判断するためには、企業が資本を使っていかに効率的に利益を獲得したかが重要なのである。

❖ 資本利益率を計算する

収益性は、利益を獲得するために使用した資本と、獲得された利益の比率として表現され、それは投下資本利益率（ROI）と呼ばれ、次式によって計算される。

$$資本利益率＝\frac{利益}{投下資本}$$

この資本利益率の分母と分子に何の項目を採用するかによって、いくつかの種類の資本利益率が存在する。代表的な資本利益率は、総資産利益率（Return on Assets: ROA）と自己資本利益率（Return on Equity: ROE）である。

ROAは会社が保有しているすべての資産を元手と考え、総資産（総資本）からどれだけの利益が得られたかを表す指標であり、利益を総資産で割ることによって求められる。分母の総資産は、分子の利益と同様に1年間の変化を表現するため、期中平均（（期末資産＋期首資産）／2）を用いて計算することが一般的であるが、簡便法として期末の総資産を使うこともできる。

$$総資産利益率（ROA）＝\frac{利益}{総資産}×100$$

ROAは投下した資産全体に着目して収益性を判断しているので、企業全体の観点から収益性を評価するときに用いられる。企業全体の収益性を見るために用いられる利益概念は、本業の儲けを表す営業利益か、経常的な事業活動の成果である経常利益のどちらかである。表3－1から令和堂のROAを経常利益を使って計算すると、2020年3月期は2.23％（972／43,642×100）となる。前年度のROAは3.68％であり、2019年3月期と比べて2020年3月期の収益性は悪化していることがわかる。

　他方、自己資本利益率（ROE）は株主の立場からの収益性であり、株主に帰属する資本を使っていかに効率的に株主に帰属する利益を生み出したかを示す指標である。したがって、ROEは自己資本と、株主に帰属する利益である当期純利益の比率として計算される。なお、ROEを計算するときには自己資本を使うのが正確であるものの、ここでは簡便法として期末純資産の合計額を使ったROEの計算式を示す。

$$自己資本利益率（ROE）＝\frac{当期純利益}{期末純資産（自己資本）}×100$$

　令和堂のROEを計算すると2.89％（757／26,225×100）となる。前年度のROEは4.62％であり、ROAと同様にROEも悪化していることがわかる。

　このような分析結果はそれ単独で評価することは難しく、分析の結果を過年度の数値と比較したり（時系列分析）、同業他社や業界平均などと比較することで（クロスセクション分析）、各比率の良否が判断できるようになる。

❖ 資本利益率を分解する

　ROAを高めることは令和堂の中期経営計画に含まれる目標の1つである（第4章参照）。ROAを向上させるために、令和堂は何をすれば良いだろうか？　もちろん、経常利益を増やせばいいのだが、その過程で資産が増加すると、利益は増えてもROAは改善しない。また、分母の総資産を減らそうとして資産を売却すると、将来の利益を生み出す能力を失うことになる。そこで、経常利益と総資産の2つだけでROAを見るのではなく、この式を分解することによって、新たな視点を加えてみよう。

　前述したように、ROAは（利益／総資産×100）という計算式で表されるが、分子と分母に売上高を掛けて式を分解すると次式を得ることができる。

$$経常利益/総資産（ROA）＝\frac{経常利益}{売上高}　×　\frac{売上高}{総資産}$$

⇓　　　　　　　　⇓
売上高経常利益率　　総資産回転率

　このように、ROAは売上高経常利益率と総資産回転率の積に分解できる。令和堂のように製造業を営む企業は、製品に利益を加算して販売を行い、その代金を回

収して再び製品を製造して販売するという営業循環を繰り返している。そのため、令和堂の収益性は、売上に占める利益の割合を高めることと（売上高経常利益率）、その営業循環の回転数を高める（総資産回転率）ことによって改善できることがわかる。

　この総資産回転率は、１年間の売上高が総資産の何倍であったかを示す指標であり、回転率が高いほど資産全体が効率的に活用されていることを示す。

【表３－２　収益性の分析結果】

	2019年３月期	2020年３月期
売上高経常利益率	3.79%	2.35%
総資産回転率	0.97	0.95
ROA	3.68%	2.23%
ROE	4.62%	2.89%

　表３－２に収益性に関わる分析結果をまとめた。上記で説明した通り、ROAは前年度よりも低下している。ROAを構成する売上高経常利益率と総資産回転率を見ると、売上高経常利益率が減少している。一方で、総資産回転率は前年度より減少しているものの、その差は小さい。つまり、ROAが低下している主な要因は、売上高経常利益率の減少であることがわかる。これをいかに高めるかが、令和堂の課題である。他方、総資産回転率は前年度とあまり変わらないものの、１を下回っている。この値が妥当なものであるかどうかは、同業他社と比較して判断する必要がある。

Column 3-1

ROEとROA

　近年、日本企業の株主構成が変化する中で、株主の期待に応えてROEを高めることが日本企業の喫緊の課題であるとの指摘がある。2014年に経済産業省で行われた企業と投資家の対話に関する検討プロジェクトの報告書である『持続的成長への競争力とインセンティブ～企業と投資家の望ましい関係構築～』（通称、伊藤レポート）が公表された。この中で、日本企業のROEが欧米の企業と比べて低いことが指摘されており、平均的な資本コストを上回るよう、８％を超える

ROEを目指すべきであるとされている。

　ROEは、下記の3要素に分解することができる。

$$ROE = \frac{当期純利益}{売上高} \times \frac{売上高}{総資本} \times \frac{総資本}{自己資本}$$

　このように、ROEにはROAと同様に、売上高利益率と総資本回転率（総資産回転率と同じ）が含まれていることがわかる。ROEは株主視点の収益性を表現するため当期純利益を用いており、ROAとは利益概念が異なるが、当期純利益は営業利益や経常利益に基づくことを考えれば、ROAを高めることが、ROEの改善につながることが理解できるだろう。したがって、ROEという株主の期待に応えるためにも、ROAを事業部の業績評価指標として落とし込むことが有効であると考えられる。そのためには、ROAを構成する要素が、事業部の活動とどのように関係

【図3-2　ROAの分解】

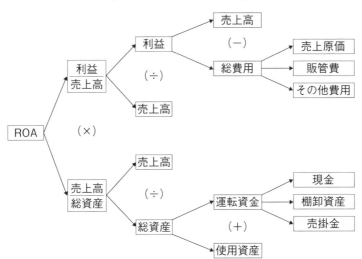

するかを示す必要があるだろう。図3-2は、デュポンがROIを経営管理に活用するために作成した図を用いて、ROAの構成要素を分解したものである。この図を見れば、ROAを構成する要素が日々の事業活動と密接に関わっていることがわかる。

❖❖ 総資産回転率を細分化する

　売上高利益率と並んで、総資産回転率は資本利益率に対して重要な影響を持つことがわかった。総資産回転率の分母は総資産であるから、さまざまな資産の項目に細分化すればそれぞれの資産の回転率についてより詳しく分析できるようになる。

　令和堂は製品を製造・販売して利益を得ている会社なので、令子社長は総資産のうちの売上債権と棚卸資産の回転率に特に注目した。売上債権の回転率を意味する売上債権回転率は、次式によって計算される。

$$売上債権回転率 = \frac{売上高}{売上債権}$$

　売上債権は売掛金と受取手形の合計額である。売上債権の残高は、販売したがまだ代金が回収できていないものを意味している。そのため、売掛金や受取手形が多ければ、投下した資金が売掛金や受取手形として滞留していることになり、会社の資金繰りは悪化する。売上債権の増加によって資金繰りが悪くなれば会社の手許資金に余裕がなくなり、支払いのための資金確保が難しくなるかもしれない。この意味で、売上債権回転率は投下した資金が効率的に回収されているかどうかを示す指標でもあり、経営の安全性を示す指標としても活用できる。売上債権回転率が高ければ、債権を回収するまでの期間が短いか、現金販売の割合が多いことがわかる。令和堂の売上債権回転率を計算してみると9.19（41,357／4,502）であり、前年度の9.20とほとんど変わらないことがわかる。

　回転率に加えて、販売から販売代金回収までに要した日数を知りたい場合、1年間の日数である365日をここで計算した売上債権回転率で割ることで計算することができる。これは売上債権回転期間（日数）と呼ばれ、会社の売上債権の残高が全部回収されるまでに平均何日要するかを示している。令和堂の売上債権回転率は9.19であるので（365日／9.19）を計算すると39.71となり、令和堂は顧客に商品を販売してから代金を回収するまでに平均して約40日要することがわかる。令和堂の売上債権回転日数が40日と長いのは、商品の販売先が個人の消費者だけでなく、顧客企業も含まれるためである。

　他方、棚卸資産回転率は、商品・製品などの在庫の回転効率をみるための指標であり、次式によって計算される。

$$棚卸資産回転率＝\frac{売上高}{棚卸資産}$$

　棚卸資産回転率が高ければ、商品が在庫として会社内に留まる期間が短く、効率的に商品が売れていることを意味する。ただし、販売機会を逃さずに製品を販売するためには、適正な在庫量を確保しておかなければならない面もある。

　在庫の問題は、その量が多いか少ないかというだけの問題ではない。棚卸資産が多いということは、投下した資金が棚卸資産として滞留している、つまり現金化されていないことを意味するので、棚卸資産が増えれば増えるほど会社の資金繰りは悪くなる。令和堂の棚卸資産回転率を計算してみると27.83（41,357／1,486）であり、前年度（32.99）と比べて悪化している。したがってこの要因を調べる必要がある。

　仕入から販売までに要した日数を知りたい場合、1年間の日数である365日をここで計算した棚卸資産回転率で割ることで計算することができる。これは棚卸資産回転期間（日数）と呼ばれ、在庫がどれくらいの期間手許にあるかを示す。令和堂の棚卸資産回転率は27.83であったので、棚卸資産回転期間を計算すると13.12（365日／27.83）となり、令和堂はお店に商品が並んでから販売まで平均して約13日かかっていることがわかる。令和堂で販売するケーキなどの生菓子は販売に要する期間はもっと短いため、棚卸資産回転期間が長いことの要因は、原材料の在庫が多いためと推測することができる。

キャッシュコンバージョンサイクル

　令和堂は製品の製造→販売→代金の回収という営業循環を繰り返しているが、このサイクルは資金の投下から資金の回収までのサイクルでもある。

　製品が完成してから販売までに30日、販売から販売代金である売上債権の回収までに45日かかる場合、資金を投下してから回収するまでに75日かかる。売上債権を回収するまでは資金は入ってこない一方で、企業は製品の製造、材料の仕入れに必要なコストを支払っている。支払いを買掛金や支払手形で行っている企業も多い。一般に、企業の仕入債務（買掛金や支払手形）の支払い日は販売代金の回収日よりも早い。仮に仕入債務の支払いを製品完成から45日後とすると、資金の支払日から資金の回収日までには30日の日数差が生じる。

　原材料や商品仕入などのために資金を投入してから販売代金の回収がなされ資金が流入するまでの日数は、キャッシュコンバージョンサイクル（cash conversion cycle: CCC）と呼ばれている。ここで、CCCを回転期間を用いて表すと次のようになる（図3 - 3）。

【図3 - 3　キャッシュコンバージョンサイクル】

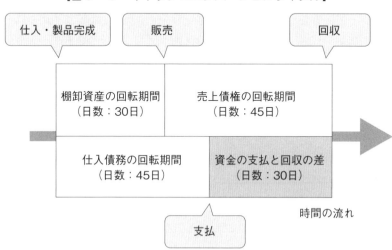

　商品を仕入れたり、製品が完成してからその販売までの期間は棚卸資産の回転期間であり、商品や製品の販売から回収までの期間は売上債権の回転期間である。仕入債務の回転期間は、棚卸資産回転期間や売上債権回転期間と同様に求めるこ

とができる。

　図3－3のように、支払いから回収までの日数差は棚卸資産回転期間＋売上債権回転期間－仕入債務回転期間という式で求めることができるが、この式から得られる数値が大きくなるほど、資金の回収よりも手許の資金が外部に流出している状況となり、資金繰りが厳しくなる。

5 おわりに

　本章では経営を分析するための基本的な考え方を学習してきた。貸借対照表では安全性分析を中心に学習した。さらに、経営成績を表す損益計算書には複数の利益概念があること、また、損益計算書と貸借対照表を組み合わせて収益性分析を行うことが可能であることがわかった。これらの分析によって企業の収益性と安全性がよくわかり、それを過年度や他社の実績と比較することで、経営上のどこに問題があるかを明らかにすることができる。こうした情報は、過去の経営活動の評価であると同時に、今後の経営活動について考えるヒントにもなる。

　会社全体の財務諸表は、各店舗や工場の情報を事業部ごとに集計して作成される。つまり、財務諸表に掲載される情報は組織ごとに集計されており、各組織でもこうした会計情報を用いて経営活動を行っている。経営管理のどのような場面でどのような会計情報が用いられているかについては、各章で説明しているので学習してほしい。

？ 考えてみよう

　令和堂の同業他社の財務諸表を入手し、本章で学んだ経営分析の方法を用いて令和堂と比較してみよう。

次に読んで欲しい本

稲盛和夫『稲盛和夫の実学─経営と会計』日本経済新聞出版社、2000年。
桜井久勝『財務諸表分析（第7版）』中央経済社、2017年。

第 4 章

戦略を策定する

1 はじめに

　企業が利益を増やすためには、どうすればよいだろうか？　利益を増やすためには、自社商品の販売を増やすと同時に、商品の生産や販売にかかる費用を下げる必要がある。こうした活動の方向性を定めるのが戦略である。戦略を策定するためには、自社が置かれている市場環境と、自社が保有している経営資源を明確にし、どの市場が将来成長しそうか、それに対応できる経営資源を保有しているのかなど検討しなければならない。

　こうした全社戦略を実現して利益を獲得するためには何が必要だろうか？　そのためにはさまざまなマネジメントが必要だが、まずは全社戦略を実現するための事業部ごとの戦略を策定し、事業部戦略の実現のために1人ひとりの従業員が何をしないといけないのかを明確にする必要がある。それを可能にするのが目標と計画である。戦略に即した目標を設定することで、各部門、各従業員の関心を戦略の実現という1つの方向に向けさせることができる。そして目標を達成するためには全社の経営資源を各事業部に配分する必要があり、その方針を決定しなければならない。これらを合わせたものが中期経営計画である。本章では、利益を獲得するための戦略の概要と、それを具体化するための中期経営計画について学習する。

2 令和堂の新戦略

　令和堂の栗原令子社長は向こう5年間の経営戦略を策定し、それを実現するための3か年の中期経営計画の策定に着手した。これまでは広い消費者層を対象としてきたが、スイーツ市場にはカフェなども参入しており、競争が激しくなる中、ターゲットとなる消費者を絞り込むことを検討した。今やスイーツへの関心は女性だけでなく、男性にも広がっている。また情報感度の高い人々は、こだわりの材料を使用したスイーツを好む傾向が強い。令子社長は、父の代から構築してきた取引先とのネットワークから良質な材料を仕入れることに自信があり、20代、30代の男女を対象に、こだわりの良質スイーツの販売を強化することにした。それに伴って、スーパーでの店舗販売を縮小し、百貨店やそれに準じるファッションモールなどに

出店することを計画している。

　このような戦略を実現するために令子社長は、各部門の中期目標を設定した。今回のターゲットとなる消費者に訴求する商品は洋菓子であり、洋菓子事業部では利益の増加を見込んでいる。そこで洋菓子事業部は、３年間で30％の売上増という目標を立てた。一方、和菓子事業部も高品質商品への転換を図るものの、洋菓子ほどの売上高の伸びは期待できないことから、売上高を３年間で10％増加させる目標を立てた。またレストラン事業部は、３年間で15％の売上増を見込んでいる。しかし、人件費の増大や従業員の確保、さらに出店料の増加など、将来の費用増が見込まれることから、自動化した工場を新設する計画である。これによって生産性を改善し、全社のROAを３年後に５％にすることを目指す。

　以上の令子社長が行ったような計画策定は、どのように進めていけばよいか。本章ではそこで有用となる手順や分析フレームワークを紹介していこう。

3 戦略の策定

❖ 企業戦略と事業戦略

　戦略を遂行するための会計情報を用いたアプローチが管理会計であることを考えれば、管理会計は戦略と切り離して考えることはできない。戦略には多様な定義があるが、企業が競争優位を獲得し、利益をあげるための考え方といってよいだろう。戦略には大きく分けて、企業戦略と事業戦略がある。企業全体の利益を最大化するためには、企業としてどの事業に対してどれだけの経営資源を配分するかを決定しなければならない。これは企業戦略である。その一方で、各事業部では、競合他社の製品・サービスと差別化をはかり、利益を獲得するための具体的な方策が検討される。これが事業戦略である。

❖ 企業戦略の検討

　企業の規模が拡大するにつれて、多くの企業は複数の製品や市場を対象に経営を行うようになる。そうすると、企業戦略を考える上で、自社製品のポジショニングを理解することが重要になる。ポジショニングを考慮した戦略を構築する上で、1つの考え方として、ボストン・コンサルティング・グループが開発したといわれる、成長率・市場占有率マトリックス（プロダクトポートフォリオマネジメント：PPM）がある（図4‐1）。これは、自社の事業について市場成長率と市場占有率の2軸からなる4つの象限におけるポジショニングを確認し、今後の戦略を考えるためのものである。

　市場成長率も占有率も低い事業は「負け犬」である。これは企業にとって価値をもたらすものではなく、整理の対象となる。市場占有率が低いにもかかわらず市場成長率が高い「問題児」は、成長において自身が生み出す資金だけでは足らず、他の事業が生み出す資金をこの事業に投入する必要がある。市場占有率も成長率も高い「花形」は、企業の将来を背負う事業になることが期待される。どんな「花形」事業もいずれは市場が縮小して「金のなる木」になる。これは、自身の成長に必要

なもの以上の資金を生み出すことができる事業であり、その余った資金を他の事業に投資することができる。このように、市場占有率と成長率から自社の事業や製品のポジショニングを考え、必要な資金をどの事業で生み出し、それをどの事業に配分するかを考えることが、全社戦略を考える1つの方策である。

【図4‐1　成長率・市場占有率マトリックス】

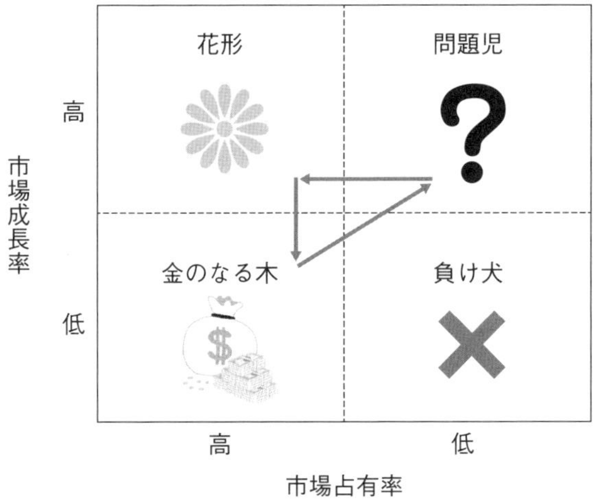

事業戦略の検討

　次いで、全社戦略に従って各事業部の戦略についてみていこう。事業戦略を策定するためには、市場環境と自社の内部資源についてよく理解しておく必要がある。マイケル・ポーターは市場環境に焦点を当て、競争優位を決定する要因として、①顧客、②サプライヤー、③代替品、④新規参入者、⑤競合他社、をあげている。これらの要因に注目して、事業戦略について考えてみよう。

　令和堂の場合、顧客としてどのような消費者を重視するかを考える必要がある。たとえば、裕福な消費者なのか、大衆をターゲットにするのかである。サプライヤーとは材料の供給者であり、誰から材料を調達するかによって、製品の価格や品質に大きく影響するため、優れたサプライヤーとのネットワークの構築が重要になる。代替品とは自社の製品・サービスに取って代わるものであり、たとえば和洋菓子に取って代わるものとしてパンを想定すれば、パン屋も競合他社になり得る。新

規参入はどの業界でも起こり得るが、新規参人に対する障壁の程度は業界によってさまざまである。たとえば、ビジネスモデルが複雑で模倣が難しかったり、すでに歴史ある企業のブランド力が構築されていたりすると、新規参入の障壁は高い。最後に競合他社がどのような企業であるかを認識するだけでなく、業界が拡張しているか縮小しているか、供給過剰になっていないかなど、業界の現状に対して関心を払っておく必要がある。菓子業界の市場は飽和状態かもしれないが、新陳代謝が激しく、新商品の重要性が高いといえるだろう。

　他方で内部資源とは、戦略の遂行のために使用する資源であり、貸借対照表に計上される有形無形の資産に加えて、取引企業や行政およびNGOなどとのネットワークや技術力、開発力、あるいはこれまでの歴史の中で構築されたブランドや消費者による認知なども含まれる。これらは数値で表すことは難しいが、競争優位を支える重要な内部資源である。たとえば令和堂にとって、高品質の小豆や抹茶を生産している農家との関係は、それを継続的に仕入れて生産するためには欠かせない資源である。

　事業戦略を構築する上で、市場環境と内部資源を同時に考慮する方法としてSWOT分析がある。市場環境の分析により、上記の５つの競争優位の要因を考慮して市場における機会（opportunities）と脅威（threats）を把握する。また同時に、自社の内部資源の強み（strengths）と弱み（weaknesses）を把握し、これらをマトリクスで表現することで、どの市場を自社の主力事業と捉えるか、またどの市場を将来の有望市場と捉え、内部資源の強化に努めるかなどを具体的に分析する際のヒントを提供してくれるのがSWOT分析である。

　たとえば令和堂では、健康志向の高まりで和食が見直されていることに加えて、

【図４‐２　SWOT分析】

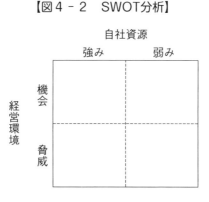

Column 4-1

創発戦略

　本章では、経営理念に基づいて企業戦略、事業戦略を立て、それを具体化する中期経営計画を策定するという順序で説明している。しかしながら、戦略はいつも意図的に策定され、その実現に向かって管理されるとは限らない。実際には、戦略策定時の予測とは異なる事態に直面し、策定した戦略が現状にそぐわない場合が発生する。たとえば、ライバル会社の新商品が大ヒットし、現状の計画通り製品を開発して売り出しても、ライバル会社に勝てそうにない場合がある。あるいは、高度な技術を用いて付加価値の高い製品を売り出す計画であったが、技術が急速に普及し陳腐化した場合などが考えられる。

　このような時には、既存の戦略では対応できないことが多いが、それにいち早く気づくのは誰だろうか？　それは、日頃から取引先を通じてライバル会社の動向についての情報を得ている営業部門の人々である。また、生産や品質管理に従事している人たちが、日々の仕事から生産や品質に関する問題に気づくこともあるだろう。彼らは日々の仕事や経験から得たヒントを元に、予期しなかった状況に対応するための新しい方策を考え、試し、失敗するということを繰り返している。こうした仕事上やプライベートでの経験、また市場の実際のデータなどをもとに学習することで、これまでの経験や知識が意図せずに戦略的テーマに収束することがある。つまり、経営者やそれをサポートする経営企画部門などが戦略を策定し、それに基づいて計画を立て、各部門に行動を促すというトップダウンの戦略策定だけではなく、従業員が仕事を通じて得た知識や経験を元に行う試行錯誤が意図せずに戦略に昇華するというように、ボトムアップによる戦略の策定が行われる場合もある。しかしこのように戦略を創発するためには、従業員、事業部長、経営者間での密接なコミュニケーションと、事業部長や経営者の現場に対する理解が求められるだろう。

日本を訪れる外国人が増えていることから、和の要素を取り入れた洋菓子の需要は伸びると考えている（機会）。一方で材料費、人件費、および製造や輸送に関わる燃料費の高騰によって製造原価の上昇が予想されており、これを抑えることが大きな課題である（脅威）。しかしながら、これまで培ってきたサプライヤーとの関係から、良質な材料を安定的に調達することは可能であり（強み）、上質な商品を健康志向の消費者に届けたいと考えている。ただし、従業員の高齢化が進み、また若い従業員を確保することが難しい。したがって、商品開発や生産のノウハウを継承

することが難しくなっており、また20代後半から30代向けの商品開発で他社に遅れをとっており、強化する必要がある（弱み）。

4 中期経営計画の策定

❖ 中期目標の設定

　戦略を策定すると、次に戦略を遂行するための方策を考える必要がある。そのためには、従業員に戦略を伝達するとともに、戦略の実現のために必要な資源を配分しなければならない。戦略の伝達とは、たとえば洋菓子部門が3年間で、売上高を30%増やすというように、いつまでに、何を、どの程度行うのかを伝えることである。つまり、戦略に沿った目標を設定することが、従業員に戦略を伝えるための手段となる。

　目標を設定するためには、指標を決定しなければならない。多くの場合、中期経営計画で使われる指標には、利益（営業利益や経常利益、当期純利益）や売上高のような企業活動の成果を表す財務指標が用いられる。また、事業の効率性を重視する企業では、資本に占める利益の割合を表す総資産利益率（ROA）や自己資本利益率（ROE）を用いる企業もある。また事業部では投下資本あたりの利益である投下資本利益率（ROI）も用いられる。

　しかしながら、利益で評価する際には、利益という数値が企業経営の実態を反映しているかどうかが度々問われている。そこで、フリーキャッシュフローを中期経営計画の目標に含めている企業もある。

　多くの場合、これらに代表される財務指標を用いて中期的な目標を設定する場合が多い。しかし、市場占有率や顧客満足度などの非財務指標を用いた目標設定を行う企業も見られる。なお、中期経営計画の目標として用いられる指標は、これらのうちの1つというわけではなく、複数の指標が用いられる場合が多い。

　中期目標の期間は3年から5年が多く、近年は3年が一般的のようである。また、中期目標の期間は短縮化傾向にある。それは、市場や政治、自然災害など、企業を取り巻く環境の不確実性が高く、経験豊富な経営者であっても、将来を見通すことが非常に難しくなっているためである。

　目標設定に際しては、その難易度の検討も重要である。経営者は難易度の高い目標を設定し、それを達成することで、自身の経営者としての株主・投資家からの評価を高めようと考えるかもしれない。他方で、事業部長やその下で働く従業員は、達成容易な目標を望むだろう。目標達成の程度が報酬や人事評価などと連動する動機付けの仕組みを企業が採用していれば尚更である。この目標値の難易度と次に取り上げる資源配分については、経営者と事業部の間で意見が分かれる可能性があり、調整が必要になる。

　中期経営計画は戦略を伝達することに加えて、資源配分の方向性を決める役割がある。ここでの資源とは、ヒト、モノ、カネである。企業の全社戦略に基づいて必要な資源を見積もると同時に、各事業部に事業戦略の達成に必要な資源を配分する。しかしながらここでも、各事業部に必要な資源の量を見極めたい経営者と、少しでも多くの資源を獲得したい事業部の間で意見の不一致が生じる可能性があり、調整が必要となる。この資源の配分を具体的に表現したものが、予算（第6章）である。

　このように、中期経営計画の策定には、目標の難易度や資源の配分など、経営者と部門の間で考え方の相違が生まれる可能性があり、調整が必要となる。これは、企業の組織構造が要因の1つと考えられる。第2章で見たように、集権的組織である職能別組織では、経営者に権限が集中している。したがって、経営者と職能部門の間で調整が行われるものの、それは各職能部門の実情を参考にするためのヒアリング程度にとどまると考えられる。一方、分権的組織である事業部制組織では、経営者が中期目標を策定すると同時に、各事業部でも現状を反映した中期目標を独自に設定する。そしてこの両者をすり合わせる場が設けられ、最終的な中期目標となる。このように、組織構造が集権的であるか分権的であるかによって、目標設定プロセスも変わるのである。

❖ 中期経営計画の改定

　中期経営計画はいったん設定されると、計画期間の間に目標を変更することなく、活動することが望ましい（固定方式）。なぜなら、容易に変更すると戦略を伝達することもできないし、資源配分の方向性を示すこともできないからである。また、計画に含まれる目標には業績評価の基準としての役割があるが、目標を変更すると業績評価基準としても機能しなくなる。

　しかし、企業を取り巻く環境の変化が激しく、将来を見通すことが難しい場合に

は、不確実性に対応するために、やむを得ず中期経営計画を変更する場合がある。

　それには2つの方法がある。1つはローリング方式と呼ばれるもので、経営環境の変化を取り込んで、毎年、残りの期間の計画を見直す方式である。たとえば、1年目の経営環境の変化を、2年目と3年目の計画に反映させ、2年目の経営環境を3年目の計画に反映させる。もう1つは、前進方式と呼ばれるもので、1年目に計画を変更する際、新しい計画は2年目から4年目までの3年間の計画を策定する。つまり、ローリング方式では計画期間の終了年度が固定されているのに対して、前進方式では、計画期間3年を次年度以降にスライドさせるのである。

　このように中期経営計画の変更を行うことには、良い面と悪い面がある。経営環境が急激に変化した場合、中期経営計画は戦略を伝達する手段としても、戦略を実現するための資源を配分する手段としても適切に機能しない。そうならないためにも、中期経営計画は経営環境の変化を反映したものである必要がある。一方で、中期経営計画が戦略を具体化する手段だとすると、それが頻繁に変更されれば、従業員の戦略に対する理解は混乱するだろう。また企業では、中期経営計画やそれを1年の計画に落とし込んだ短期利益計画（第5章）に含まれる目標の達成程度が評価されるが（第6章）、計画が頻繁に変更されるのでは、それは評価基準として機能しなくなる。さらに、中期経営計画の変更によって、その作成において中心的役割を果たした経営者の能力に対して、株主や従業員から疑問符が付される可能性もある。

5 おわりに

　戦略は企業が進む方向性を示すものとして重要であるが、戦略を掲げるだけではそれは実現しない。それは企業だけでなく、学校や病院などの非営利組織であっても同じである。これらの組織は複数の人が集まって協力することで、一人ではできないより大きなことを成し遂げようする。しかし、組織の規模が大きくなるほど、皆が同じ方向に向かって行動することが難しくなる。そこで、戦略を従業員に伝達し、戦略の実現に向かった行動を促すために、次章以降で学習するように、中期経営計画をもとに1年間の目標や行動計画を示す短期利益計画を作成し（第5章）、それに基づく資源配分のための予算を作成し（第6章）、計画通りに行動できたかどうかを業績評価する（第7章）。このように企業行動は、計画（Plan）→執行

Column 4 - 2

パナソニックの経営戦略

　パナソニックは、白物家電を中心に家電製品の製造・販売事業で1984年に5,757億円というパナソニックの史上最高の営業利益を計上した。しかし、2000年代前半にプラズマテレビやプラズマディスプレイに5,000億円以上の大型投資を行ったものの、2013年には生産を終了することになった。この結果、2011年と2012年には最終損益が7,000億円以上の赤字を２年連続で計上するに至り、経営の危機を迎えた。

　2012年に津賀一宏氏が社長に就任し、中期経営計画を策定し、また2013年には「A Better Life, A Better World」という新しいブランドスローガンを打ち出した。これによって、従来の高機能製品の大量生産大量販売による収益モデルから、事業の範囲を拡張し、量に頼らないビジネスモデルに移行しようとしている。これを進める上で、各事業部に権限の委譲を進めるために事業部制を復活させるとともに、各事業部に対して営業利益率５％という目標を課した。また、これまでのB to C事業からB to B事業に転換を図った。特に、自動車産業への蓄電池の販売に注力した。こうした事業の転換は、燃料電池であればこれまで家電製品向けに製造していた電池を、自動車用に作り直すことで対応しており、市場に応じて供給先を変える「転地」戦略といわれる。同時に不採算事業の整理を進め、2013年には再び黒字化する。そして、2015年には４年間で累計１兆円の戦略投資を発表し、2016年には事業ポートフォリオを見直し、すべての事業を「高成長事業」、「安定成長事業」、「収益改善事業」の３つに区分して、投資対象となる重点事業の明確化を始めた。

　高成長事業に位置付けられるリチウムイオン電池などの車載電池事業のリスクと機会についてパナソニックは、ガソリン車から環境対応車への需要シフトを機会と捉え、パナソニックの高容量・高信頼性を備えた電池技術が強みとして生かされると考えている。その一方、原材料の高騰や自動車を取り巻く技術の進化への対応を課題と捉えている。

（Do）→チェック（Check）→是正活動（Act）といういわゆるPDCAサイクルを回すことで、計画通りに行動できているかをチェックする仕組みを用いて、戦略の実現を図る。

　その一方で、計画の策定プロセスでは、目標の難易度や資源の配分について、経営者と事業部の間で意見の相違が見られる可能性がある。これを調整するのが、経

営者の役割であり、必ずしもトップダウンで決定すれば良いという問題ではない。各事業部の従業員のモチベーションを高めるように調整する必要がある。まさに戦略と中期経営計画の策定は、市場環境と自社の内部資源を理解し、自社の将来の進むべき方向性を従業員や株主に指し示すと同時に、社内の調整を図るという、経営者の能力が問われるマネジメントの分野なのである。

? 考えてみよう

　大きな不確実性に直面した場合、中期経営計画を変更する企業と変更しない企業が見られるが、企業の意図にどのような違いがあるか考えてみよう。

次に読んで欲しい本

サイモンズ・R.（伊藤邦雄監訳）『戦略評価の経営学―戦略の実行を支える業績評価と会計システム』ダイヤモンド社、2003年。

横田絵理、金子晋也『マネジメント・コントロール―8つのケースから考える人と企業経営の方向性』有斐閣、2014年。

第 5 章

短期の利益を計画する

第5章

1 はじめに

前章で学習した中期経営計画に含まれる利益目標を達成するために、1年間の具体的な行動計画を作成する必要がある。その指針となるのが、短期利益計画である。短期利益計画では、1年間の目標利益を決定し、この目標利益をどのように達成するかを計画する。したがって、本章における利益は、これまでの章のように企業活動の最終的な成果ではなく、出発点として考えられる。短期利益計画は、次章で学習する予算編成の指針としても利用される。

本章では短期利益計画を立てるための手法として、CVP分析を学習する。CVPとは、原価（Cost）、営業量（Volume）、および利益（Profit）の頭文字の略で、売上高などの営業量をいくらにすると、原価がどのぐらいかかり、利益がいくらになるのかを分析する手法である。ここで営業量とは売上高や生産量などを意味している。

実際には、多くの企業は複数の製品を販売することで目標利益の達成を目指すことから、利益計画の作成プロセスが複雑になりがちである。そこで次節からは、大学生が学園祭の模擬店を運営する事例をもとに、CVP分析を使ってどのように利益を計画するのかを解説する。

2 模擬店の利益計画

令和堂の洋菓子事業部営業課の梨田桃子課長は、将来のブランド構築に関する問題を抱えていた。令和堂は都内では一定の知名度を獲得している。しかし、令和堂のブランドが長期的に通用するとは限らない。そのため長期的に通用するブランド構築に向けたプランを練るように、栗原令子社長から指示されていたのである。令和堂の主要な顧客は、高級住宅街の40代以上の層である。そのため、将来に向けてブランドを構築するために、梨田課長は、さらに若い年齢層に対しても、令和堂をアピールする必要性を感じていた。

その頃、梨田課長の息子で大学生の桃太郎君が、大学の学園祭の模擬店を何にするかで悩んでいた。そこで、梨田課長は、令和堂のシュークリームを割引価格で販

売することを提案した。若年層にブランドを知ってもらう良いきっかけにもなるし、エキナカに入っているシュークリーム店にリピーターが増えるかもしれないと考えたからである。広告宣伝のモデルケースにするため、梨田課長は、令和堂の利益は度外視することを決めた。そのため、梨田課長は、製造原価にもとづいてシュークリームを１個20円で模擬店に提供することにした。そうすることで、桃太郎君に販売活動に向けてのやる気を持たせて、令和堂のアピールになると思ったのである。梨田課長は模擬店へのシュークリーム提供を令子社長に提案し、承諾を得た。

　さっそく桃太郎君は、シュークリームの販売価格を１個100円、模擬店の１日の利益目標を16,000円と決めて、計画を立て始めた。ただし、シュークリームの仕入原価以外にも、模擬店の出店料に4,000円、保冷機材のレンタル料に20,000円が必要である。そこで、桃太郎君は次の３つの問題を抱えることになった。第１に、損失を出さないために、少なくとも何個を売るべきだろうか。第２に、利益目標を達成するための、目標販売量は何個だろうか。第３に、目標販売量を、何％下回ったときに損失が出てしまうのだろうか。

3 CVP分析の基礎

❖ 変動費と固定費

　利益計画の主な目的は、利益目標を達成するために、営業量（売上高や販売量など）がどれほど必要かを明らかにすることである。さらに、損失が発生しない最低限の営業量はどの程度か（損益分岐点）、そして、損益分岐点は、営業量が目標からどれほど減少した場合か（安全余裕率）という情報も重要である。これらの情報を得るためにCVP分析が利用される。

　CVP分析を通じて利益を計画するためには、収益と費用（原価）が、営業量とどのように関係しているかを知る必要がある。CVP分析における営業量の代表的な指標は、売上高または販売量である。営業量の指標として販売量を利用した場合には、営業量と金額は図5－1の関係になる。

【図5－1　販売量と売上高の関係】

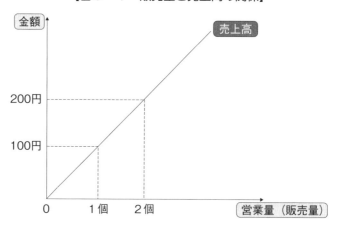

　その一方で、費用は営業量に関係しているとは限らない。たとえば、ペットボトル飲料を製造販売する企業は、ペットボトルの樹脂や水を調達するための費用を支出している。これらの費用は、製品の生産量を2倍に増やすことで、おおむね2倍

になる。このように、製品の販売量などの営業量に比例して発生する費用を変動費
という。

これに対して、製品の販売量が増えても費用の増減がなく、極端に言えば生産
量・販売量がゼロであっても、必ず一定額発生するような費用もある。たとえば、
工場の減価償却費である。このような費用を固定費という。

このように、費用全体（総原価）を固定費と変動費に分解することを、固変分解
と呼ぶ。CVP分析のための固変分解では、その費用項目が売上高または販売量に
比例して増減すれば変動費、比例しない場合には固定費と考えればよい。

【図5‐2　変動費と固定費】

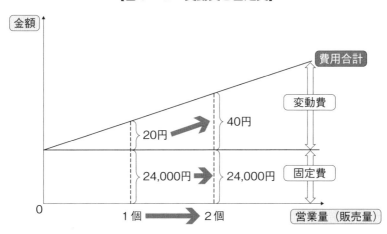

シュークリームの模擬店の事例に当てはめて考えてみよう。営業量は、シューク
リーム販売量（個数）とする。そこで桃太郎君はグラフ（図5‐1）を使って、売
上高と営業量（販売量）の関係を見積もった。売上高（1個100円）は、シュー
クリームの販売量に比例して増加することがわかる。

次に、シュークリームの仕入原価、模擬店の出店料、保冷機材のレンタル料とい
う3つの費用を、固定費と変動費に分解する（図5‐2）。このように、費用の項
目ごとに変動費か固定費かを判断する方法は、費目別精査法と呼ばれる。

シュークリームの仕入原価は、販売量と比例するため変動費である。仕入原価の
1個あたり変動費は、20円／個として表現される。

模擬店の出店料（4,000円）と保冷機材のレンタル料（20,000円）は、シュー

固変分解の方法

　費用を固定費と変動費に分ける方法には、いくつかの方法が知られている。本章で学習した費目別精査法もその1つである。ただし、それぞれの方法には長所と短所がある。

　費目別精査法は、企業内部者にとって理解が容易である。しかし、同じ費目であっても変動費と固定費の区別が企業によって異なる場合があるため、企業の外部者からは読み取ることが難しい。たとえば、労務費などの人件費は、従業員を長期雇用する企業では固定費と考えられる。ところが、臨時雇用者が多い企業では、人件費のほとんどは変動費であろう。

　外部から固定費と変動費の関係を理解するための方法として、営業量と費用に関するデータセットを利用して固変分解を行う方法がある。そのための簡単な方法が高低点法である。高低点法とは、過去のデータから、最低の営業量における費用（最低点）と、最高の営業量における費用（最高点）のデータを取り出し、この2点を直線で結ぶことで変動費と固定費に分ける方法である。変動費率と固定費額の計算式は以下のとおりである。

　　変動費率＝（最高点の費用－最低点の費用）÷（最高の営業量－最低の営業量）
　　固定費額＝費用合計－（変動費率×営業量）

　ただし、営業量が最大の期間と最小の期間という、2期間のデータから計算された変動費率と固定費額が、それ以外の期間でも当てはまるとは限らない。この問題を解決する方法として、回帰分析による最小自乗法が知られている。

クリームの販売量に関係なく支払うため、固定費である。したがって、模擬店の費用は、1個あたり変動費が1個20円、固定費額は販売量に関係なく24,000円である。したがって、収益と費用は以下の式で表現される。

　　収益＝価格100円×販売量
　　費用＝変動費（1個あたり変動費20円×販売量）＋固定費24,000円

損益分岐点販売量

　収益と変動費および固定費の関係は、図5‐3のようなグラフで示される。ここで、収益と費用の金額が一致して、利益も損失も出ない営業量は、損益分岐点と呼ばれる。それでは、損益分岐点はどのように計算すればよいのであろうか。

【図5‐3　損益分岐点図表】

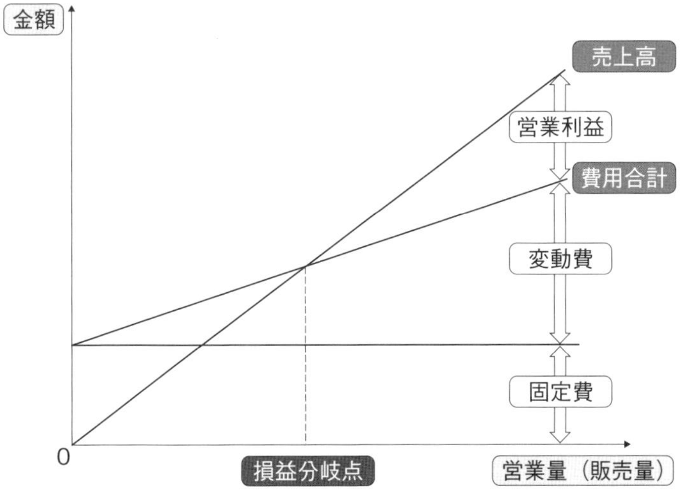

　損益分岐点を計算するためには、最初に、売上高から費用を引くことで利益が計算されることに注目する。本節の説明を通じて、費用は変動費と固定費に分解されることが明らかになった。この点を数式に反映させると、売上高から変動費と固定費を引くことで、利益が計算される。

売上高－変動費－固定費＝利益

　ここで、売上高も変動費も、販売量に比例していることに注意してほしい。したがって、営業量が販売量の場合には、売上高は価格と販売量に分解される。さらに、変動費は、1個あたり変動費と販売量に分解される。

（価格×販売量）－（1個あたり変動費×販売量）－固定費＝利益

この場合に、変動費は販売量によって整理できる。その一方で、固定費と利益は、販売量に比例しない項目としてまとめられる。ここで重要な点は、売上高から変動費を差し引いた金額として、貢献利益が示されることである。販売価格から1個あたり変動費を差し引いた金額は、1個あたり貢献利益と呼ばれる。

販売量×（価格－1個あたり変動費）＝固定費＋利益
販売量×1個あたり貢献利益＝固定費＋利益

したがって、目標利益を達成する販売量を求めるためには、固定費と目標利益の合計を、1個あたり貢献利益で割れば良い。損益分岐点では利益がゼロであるため、損益分岐点販売量は、固定費を1個あたり貢献利益で割ることで計算できる。

目標利益を達成する販売量＝（固定費＋目標利益）÷1個あたり貢献利益
損益分岐点販売量＝固定費÷1個あたり貢献利益

それでは、シュークリーム模擬店の事例を利用して、損益分岐点販売量と、目標利益16,000円を達成する販売量を計算してみよう。まず、1個あたり貢献利益を計算すると80円になる。

1個あたり貢献利益＝価格100円－1個あたり変動費20円
＝80円

損益分岐点では、利益がゼロである。したがって、固定費を1個あたり貢献利益で割った数値が、損益分岐点の販売量となる。

損益分岐点販売量＝固定費24,000円÷1個あたり貢献利益80円
＝300個

目標利益を16,000円とした場合には、目標利益を達成する販売量は、以下のように計算される。

目標利益を達成する販売量＝（固定費24,000円＋目標利益16,000円）÷1個あたり貢献利益80円
＝500個

┏━━━━━━━━━━━┓
┃ Column 5 - 2 ┃
┗━━━━━━━━━━━┛

CVP分析と原価計算

　本章で学習したCVP分析では、売上高と変動費、および貢献利益が比例していることに着目しており、売上高が増えれば、貢献利益と営業利益も増えることを仮定している。しかし、本書の第12章で学習する全部原価計算では、売上高が増えても営業利益が増えるとは限らない。その理由は、全部原価計算の計算方法では、製造原価に含まれる固定費を製品または仕掛品といった在庫（棚卸資産）に配賦して、次期に繰り越すことが可能なためである。この問題は、直接原価計算を採用することで解決することができる。

第5章

　直接原価計算では、まず、売上高から変動費を差し引いて貢献利益を計算する。さらに、貢献利益から固定費を差し引いて、営業利益を計算する。表5-1は、本章の模擬店のケースで500個販売した場合について、直接原価計算による損益計算書を作成したものである。直接原価計算では、製造原価に含まれる固定費は在庫に配賦されずに、すべて当期の費用（期間費用）として処理されるため、次期に繰り越されることはない。そのため、直接原価計算は全部原価計算にはない有用性があり、第6章および第7章の予算管理で利用される。なお、原価計算基準でも直接原価計算の使用が認められているが、期末には、利益を全部原価計算方式に合わせるための調整計算が必要である。

【表5-1　直接原価計算のフォーマット】

売上高	50,000円	価格100円×500個
変動費	10,000円	1個あたり仕入額20円×500個
貢献利益	40,000円	売上高－変動費
固定費	24,000円	機材レンタル費用＋出店費用
営業利益	16,000円	貢献利益－固定費

❖ 損益分岐点売上高

　個別の営業活動でCVP分析を利用する場合には、営業量の指標として販売量を利用する方が、多くの従業員にとって理解が容易であるかもしれない。しかし、企業全体の経営計画の一環として利益計画を策定するためには、売上高が利用される

場合が多い。そこで、営業量の指標を売上高とした場合の損益分岐点分析を行う。

　営業量が売上高の場合には、変動費率を利用して数式を整理する。変動費率とは、売上高に占める変動費の割合、つまり売上高1円あたりの変動費の金額である。売上高から変動費を控除した差額は貢献利益であり、売上高に占める貢献利益の割合は貢献利益率と呼ばれる。変動費率と貢献利益率の合計は100%になるため、貢献利益率は100%から変動費率を引くことでも計算できる。以上の関係を計算式で表現すると次のとおりである。

売上高－売上高×変動費率－固定費＝利益
売上高×（1－変動費率）＝固定費＋利益
　　売上高×貢献利益率＝固定費＋利益

　したがって、目標利益を達成する売上高は、固定費と利益の合計を貢献利益率で割ることによって計算される。また、損益分岐点売上高は利益がゼロであるため、固定費を貢献利益率で割ることで計算できる。

目標利益を達成する売上高＝（固定費＋目標利益）÷貢献利益率
損益分岐点売上高＝固定費÷貢献利益率

　模擬店販売の事例では、価格が100円、1個あたり変動費が20円である。したがって、変動費率と貢献利益率は以下のとおりである。なお、変動費率（20%）と貢献利益率（80%）の合計は100%になる。

変動費率＝1個あたり変動費20円÷価格100円＝20%
貢献利益率＝1個あたり貢献利益80円÷価格100円＝80%

　したがって、模擬店の事例で、損益分岐点売上高と目標利益を達成する売上高は、以下のとおりである。なお、損益分岐点販売量は、損益分岐点売上高を販売価格で割ることでも計算できる。

損益分岐点売上高＝固定費24,000円÷貢献利益率0.8＝30,000円
目標利益達成時の売上高＝（固定費24,000＋目標利益16,000円）
　　　　　　　　　　　÷貢献利益率0.8
　　　　　　　　　　＝50,000円

　ここまで見てきたとおり、損益分岐点分析では、貢献利益が重要な役割を果たす。

【図5 - 4　営業利益と貢献利益】

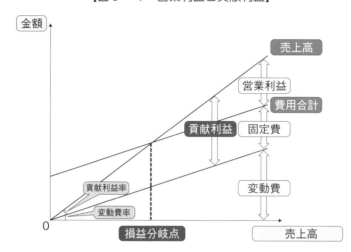

図5 - 4は、図5 - 3のグラフから変動費と固定費の上下を逆にしたものである。

　図5 - 4から、売上高と変動費の差として貢献利益の役割が明らかになる。貢献利益は、営業量が損益分岐点に到達するまでは固定費の回収に貢献する。さらに、営業量が損益分岐点を超えた場合には、利益の獲得に貢献するといえるのである。

4 損益分岐点比率と安全余裕率

　損益分岐点分析を通じて、桃太郎君は、懇親会を開催するための利益16,000円を得るためには、50,000円の売上が必要であることを理解した。ただし、50,000円という目標売上高は、あくまでも目標であり、必ず達成できるとは限らない。このように、売上高の目標を達成できるかが不確実な場合には、どの程度の不確実性（リスク）が許容されるのかを知る必要がある。

　この問題について、CVP分析の安全余裕率の分析を通じて対策を立てることができる。実際の売上高が目標売上高に達しなかったとしても、損益分岐点を下回らなければ、損失は発生しない。そこで、目標売上高と損益分岐点売上高の差額は、安全余裕度と呼ばれる（図5 - 5）。この安全余裕度が売上目標に占める比率を計算したものが安全余裕率である。したがって、安全余裕率は、目標売上高が損益分岐点上の売上高からどれほど離れているかを示す指標である。

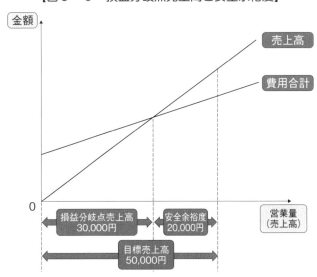

【図5‐5　損益分岐点売上高と安全余裕度】

金額

売上高

費用合計

0

損益分岐点売上高
30,000円

安全余裕度
20,000円

目標売上高
50,000円

営業量
(売上高)

　安全余裕率が高ければ高いほど、目標売上高が損益分岐点を大きく超えていることになる。この場合には、売上高にある程度の変動があっても、損益分岐点を下回ることはない。したがって、経営上の不確実性への対策が十分であることを意味している。

　模擬店のケースでは、安全余裕率は、以下のように計算される。

　安全余裕率＝安全余裕度÷目標売上高
　　　　　　＝（目標売上高50,000円－損益分岐点売上高30,000円）
　　　　　　　÷目標売上高50,000円
　　　　　　＝40％

　したがって、模擬店のケースにおいて、16,000円の利益を得るための目標売上高を基準とした安全余裕率は40％である。つまり、販売活動がうまくいかずに、売上高が当初の目標から40％減少しても、少なくとも損失は発生しないことになる。

　その一方で、損益分岐点売上高が目標売上高に占める割合は、損益分岐点比率と呼ばれる。損益分岐点比率を計算するためには、損益分岐点売上高を目標売上高で割ればよい。したがって目標売上高が50,000円とした場合の損益分岐点比率は、

以下のように計算される。

損益分岐点比率＝損益分岐点売上高30,000円÷目標売上高50,000円
　　　　　　　＝60％

　この場合には、実際の売上高が目標の60％になるまでは、損失が発生しないことになる。したがって、損益分岐点比率が低いほど、売上高が減少しても損失が発生しにくい事業構造であるといえる。また、損益分岐点比率と安全余裕率の合計は100％である。

5 おわりに

　本章で学習したとおり、利益計画は、目標利益を達成するために必要な売上高と費用の関係から作られる。これは、事業規模の大小を問わず実行可能である。企業にとって収益や原価の構造を捉えることは、企業活動とリスクの関係を把握して、計画的に利益を獲得するための基礎となる。
　この章では、模擬店の設例をもとに短期利益計画を説明したが、現実の企業は他の企業との競争環境に日々さらされている。他の企業と比べて自社の優位性を分析する手法としても、CVP分析は有効である。この点については参考文献で理解を深めて頂きたい。

❓ 考えてみよう
　売上高が比較的小さくても損益分岐点を達成できる産業と、売上高が大きくなければ損益分岐点を達成できない産業が何かを、それぞれ考えてみよう。

次に読んで欲しい本
加登 豊編『インサイト管理会計』中央経済社、2008年。
桜井久勝『財務諸表分析（第7版）』中央経済社、2017年。
廣本敏郎、挽 文子『原価計算論（第3版）』中央経済社、2015年。

第 6 章

予算を編成する

1 はじめに

　企業が利益計画に従って組織的に活動するためには、活動の裏付けとなる資金が必要である。しかし、企業が持つ資金には限界があるため、資金を効率的に活用して各組織の目標を達成するためには、個別の活動に資金をどれだけ配分するのかを決めなければならない。このように、戦略と利益計画は、予算を通じて実際の活動と結び付けられる。

　企業全体の予算（総合予算）の編成プロセスでは、経営者、予算編成事務局（予算課）、予算責任単位（部門や事業部）などの、多様な人々が関与する。まず、経営者が承認した中期経営計画をもとに、事務局が予算編成方針を作成する。次に、事務局は、予算編成方針をもとに、部門で作成された部門予算案を調整して、総合予算案を作成する。総合予算案は、経営者の承認を経て、各部門に示達される。

　このようにして作られた予算は、各部門に経営資源を配分して、各部門に売上や費用に対する責任を持たせて、部門間の利害を調整するという役割を果たす。したがって、企業の経営管理を行うためには、予算の仕組みを理解することが不可欠なのである。

　ところが、総合予算は、多様な製品と複数部門の予算を統合しているため、非常に複雑である。そこで、本章では、1種類の製品を製造・販売する1店舗を対象として、月次の予算の編成プロセスを学習する。

2 令和堂の予算編成

　令和堂の洋菓子事業部では、いくつかの実験的な店舗を運営している。その中の1つが、高級チョコレートケーキ専門店『灘』である。令和堂では4月から会計年度が始まるため、12月から中期経営計画をもとに翌期の予算が編成される。『灘』では、短期利益計画と各月の実績をもとに月次の目標売上高を決定して、その内容をもとに予算を編成している。そこで、今年も『灘』の店長は、以下の資料をもとに、『灘』における4月の1か月間の見積貸借対照表と見積損益計算書を作成することになった。

　『灘』では、１個1,600円のチョコレートケーキを販売しており、４月の販売目標は1,000個である。製品在庫は、月初と月末ともに100個である。材料在庫は、月初が20kg、月末が22kgを予定している。

　チョコレートケーキの製造原価は、小麦粉などの直接材料費と、加工費に分類されたうえで、それぞれの原価について、生産量によって金額が変化する変動費（変動製造原価）と、生産量にかかわらず一定額が発生する固定費（固定製造原価）に分けられる。直接材料費はすべて変動製造原価である。加工費は、水道光熱費などの変動加工費と、製造設備の減価償却費や保険料などの固定加工費（固定製造原価）に分けられる。

　表６－１は、チョコレートケーキ１個あたりの変動製造原価の標準原価をまとめたものである。固定製造原価は400,000円であり、その内訳として製造設備の減価償却費（100,000円）などが含まれる。

【表６－１　変動製造原価の標準原価カード】

費目	標準消費量	標準価格	金額
直接材料費	0.2kg	1,500円／kg	300円
変動加工費	1時間	200円／時間	200円
製品１個あたり変動製造原価			500円

　販売費及び一般管理費も変動費と固定費に分けられる。まず、包装材などの変動費（変動販売費）として１個あたり20円が発生する。さらに、販売費及び一般管理費の固定費（固定販売費及び一般管理費）として、500,000円の発生が見積もられている。固定販売費及び一般管理費には、店舗の賃料や販売員の人件費に加えて、店舗内装の減価償却費（100,000円）が含まれる。

　チョコレートケーキの売上高の80％は店頭での現金販売である。しかし、残りの20％は大口顧客向けに販売されて、代金は翌月に現金で受け取る。その一方で、購入材料については、当月に代金の50％を現金で支払い、残りの50％を翌月末に現金で支払う。当社では、未回収の販売代金を売掛金、未払いの購入代金を買掛金として処理している。

　借入金の利息として、毎月20,000円を現金で支払う。なお、材料購入に関連する支出と利息の支払い以外の現金支出は920,000円である。

　３月末の見積貸借対照表は表６－２のとおりである。

【表6-2　3月末の見積貸借対照表】

(単位：円)

流動資産		負債	
現預金	1,000,000	買掛金	150,000
売掛金	320,000	借入金	4,000,000
製品	50,000	負債合計	4,150,000
原料	30,000		
流動資産合計	1,400,000	純資産	
固定資産		資本金	5,000,000
設備	8,000,000	剰余金	250,000
固定資産合計	8,000,000	純資産合計	5,250,000
資産合計	9,400,000	負債・純資産合計	9,400,000

3 予算と予算編成

❖ 予算の機能と手続き

　予算とは、一定期間（通常は１年間）における組織活動の計画を、貨幣的に示したものである。したがって、予算を編成するためには、組織（ここでは店舗）が実行する活動全体を理解する必要がある。

　予算の機能には、計画機能、調整機能、統制機能という３つがある。計画機能とは、全社的な計画にもとづいて各部門に対して資源を配分する機能である。調整機能とは、全社的な目標に整合するように、各部門の利害関係を調整する機能のことをいう。統制機能とは、予算と実績の差異分析を通じて、各部門の業績を評価するとともに、問題点に対する改善を促進する機能である。

　予算編成の出発点は、第５章で学習した短期利益計画にもとづく売上高予算である。予算上の販売量と売上高に基づいて、製品の材料購入や加工といった製造活動に関する予算や、広告宣伝や物流などの販売活動に関する予算が決定される。さらに、これらの製造活動と販売活動などの予算をもとに、資金繰りに関する現金収支予算が決定される。

❖ 製造予算

　予算編成を開始するためには、まず『灘』における４月の製造販売の流れ（図６－１）を理解する必要がある。洋菓子を製造するためには、まず購買担当者が材料を購入して、材料倉庫に保管する。製造担当者は、材料を製造工程に投入するが、月末まで投入されなかった材料は、そのまま倉庫に保管されて、帳簿上は材料（資産）として次月に繰り越される。

　製造担当者は、その日のうちに材料の投入から完成品までの製造を完了する。したがって、月末の仕掛品は存在しない。完成した洋菓子は、製品倉庫に保管されるとともに、営業部門を通じて販売される。販売された製品の原価は、帳簿上は売上原価（費用）として処理される。月末までに販売されなかった洋菓子は、倉庫に保

【図6‐1　製造販売の流れ】

材料（倉庫）

| 月初材料
20kg（100個） | 当月払出
200kg（1,000個） |
| 当月購入
202kg（1,010個） | 月末材料
22kg（110個） |

仕掛品（製造）

| 当月投入
1,000個 | 当月完成
1,000個 |

製品（倉庫）

| 月初製品　100個 | 当月販売　1,000個 |
| 当月完成　1,000個 | 月末製品　100個 |

材料を倉庫から
製造工程に投入

完成品を
製品倉庫に搬入

管されて、帳簿上は製品（資産）として次月に繰り越される。

　予算編成の数値は、このような製造販売の流れを逆にたどることで計算される。したがって、まず売上高予算が立てられる。売上高予算は、利益計画、過去の実績、および市場動向をもとに決定される。次に、製造予算では、売上高予算の計画販売量をもとに、月初と月末の在庫量を調整して、計画生産量が決定される。最後に、計画生産量に対して月初と月末の在庫量を調整して、材料の計画購入量を決定する。材料購入予算は、計画購入量にもとづいて決定される。

　それでは、『灘』における計画生産量を計算しよう。『灘』では、製品の月初在庫も月末在庫も100個と想定している。さらに、『灘』では、商品廃棄損を想定していないことから、計画生産量と計画販売量は等しい。

　　製品の計画生産量＝計画販売量（1,000個）＋月末製品（100個）－月初製品
　　　　　　　　　　　（100個）＝1,000個

　次に、材料の計画購入量を計算する。製品のチョコレートケーキ1個を生産するためには、標準原価カード（表6‐1）より材料0.2kgが必要である。そのため、計画生産量（1,000個）を生産するために、材料200kgが投入される。材料の月初在庫は20kg、月末在庫は22kgであるため、計画購入量は次のようにして計算される。

　　材料の計画購入量＝計画生産量200kg＋月末材料22kg－月初材料20kg
　　　　　　　　　　＝202kg

　材料価格は1kgにつき1,500円である。そのため、材料購入予算は以下のように計算される。

　　材料購入予算＝価格1,500円×計画購入量202kg
　　　　　　　　＝303,000円

Column 6‐1

予算の体系

　予算の内容は、分類方法によってさまざまである。たとえば、予算期間が１年を超えるものは長期予算、１年単位のものは短期予算と呼ばれる。また、部門別に編成された予算は部門予算、企業全体の予算は総合予算という。一般的には、１年単位の企業全体にわたる予算（総合予算）を予算と呼ぶことが多い。

　総合予算は、損益予算、資金予算、資本予算の３つから構成される。この総合予算を示したのが見積貸借対照表と見積損益計算書、見積キャッシュフロー計算書である。

　損益予算は、収益や費用に関する予算を指し、販売予算、製造予算、その他損益予算の大きく３つに分けられる。販売予算は、販売活動に関わる予算であり、売上高予算、売上原価予算、販売費予算から構成される。製造予算は、製造活動に関わる費用に関する予算であり、製造高予算、製造原価予算、在庫予算、購買予算で構成される。

　その他損益予算は上記２つの予算（製造予算、販売予算）に含まれない損益予算を指し、一般管理費予算、営業外損益予算、研究開発費予算などがある。

　資金予算とは、短期的な現金収支や債権・債務の発生・回収、現金収支予算、信用予算、運転資金予算などを指す。資本予算は、比較的長期にわたる設備投資、企業買収、研究開発などの意思決定にかかわる予算をいう。このうち、単年度における支出額を資本支出予算という。

　このように、予算の役割の１つは活動に対する資金の配分であるため、予算を細分化すれば個別の活動ごとに予算が作成されることになる。

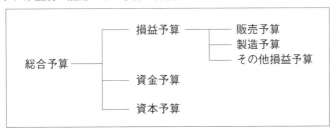

　次に、加工費の予算を計算しよう。計画生産量は1,000個であり、製品１個を生産するための変動加工費は、標準原価カード（表６‐１）より200円である。したがって、加工費の予算は、次のように計算できる。

加工費予算＝計画生産量1,000個×変動加工費200円
　　　　　＝200,000円

❖❖ 現金収支予算

　現金の収入と支出に関わる現金収支予算では、現金不足になることのないように、手元にどのくらいの現金を持っておくべきかを計画する。さらに、場合によっては、銀行からの借り入れや資本市場を通じた資金調達計画も検討される。

　現金収支は企業活動のほとんどに関係するため、現金収支予算を作成するためには、さまざまな資料を参照する必要がある。ただし、今回の予算編成において金額的に重要な情報は、前項で計算した販売予算と製造予算である。

　『灘』の現金収支予算では、現金が増加する要因は、売掛金の回収と現金売上である。まず、売掛金の回収を検討する。表6‐2で示された3月末の売掛金（320,000円）は4月に回収されるため、4月の現金の増加額に含まれる。

　次に現金売上の金額を計算する。売上高全体に占める現金売上の比率は80％であるため、現金売上の金額は、次のように計算できる。

　現金売上＝価格1,600円×販売量1,000個×0.8
　　　　　＝1,280,000円

　その一方で、現金が減少する要因も、現金収支予算で把握する必要がある。ここでは、材料購入費用に関する支出と支払利息の支出を中心に検討する。材料購入費用に関する支出は、買掛金の支払いと現金による仕入に分けられる。

　まず、買掛金の支払いによる現金の減少を計算する。表6‐2で示された3月末の買掛金を4月に支払うことによって、現金は150,000円減少する。

　さらに、4月の材料仕入における現金支払額を計算する。材料購入予算は303,000円であり、購入額の50％を現金で支払うと想定している。したがって、現金仕入額は、次のように計算される。

　現金仕入＝原料購入予算303,000円×0.5
　　　　　＝151,500円

　ここまで示した原材料の購入に関する支出に加えて、支払利息20,000円を支払うため、現金が減少する。さらに、その他の現金支出（水道光熱費や支払家賃、従

業員への給料、税金など）として、920,000円の現金が減少する。これらの結果をもとに、現金収支予算をまとめたものが表6‐3である。

【表6‐3　現金収支予算】

（単位：円）

前月繰越	1,000,000
（＋）現金売上	1,280,000
（＋）売掛金回収	320,000
（－）現金仕入	151,500
（－）買掛金支払	150,000
（－）支払利息	20,000
（－）その他支出	920,000
次月繰越	1,358,500

4 見積損益計算書と見積貸借対照表

❖ 見積損益計算書

　予算編成の結果は、見積貸借対照表と見積損益計算書の形にまとめられる。そこで、まず見積損益計算書を作成する。

　第5章で学習したCVP分析と整合性を持たせるためには、見積損益計算書を直接原価計算の形式で作成することが有効である。直接原価計算を採用することで、売上高、変動費および貢献利益は、販売量をもとに計算できるからである。

　それでは、表6‐4で示されたフォーマットに従って、見積損益計算書を作成しよう。

　売上高は、価格（1,600円）に販売量（1,000個）を掛けて計算される。変動費は、売上原価の変動費部分を意味する変動売上原価と、変動販売費に分けて計算される。変動売上原価は、1個あたり変動製造原価（表6‐1）に販売量を掛けて計算される。変動販売費は、1個あたり変動販売費（本章第2節の説明）に販売量を掛けた金額である。売上高から変動費を差し引いた金額が貢献利益である。

貢献利益から固定費（固定製造原価、固定販売費及び一般管理費）を差し引いて営業利益が計算される。さらに、営業利益から営業外費用（支払利息）を差し引いて、経常利益が計算される。

【表6－4　4月の見積損益計算書】

（単位：円）

売上高	1,600,000	価格1,600円×1,000個
（－）変動売上原価	500,000	1個あたり変動製造原価500円×1,000個
（－）変動販売費	20,000	1個あたり変動販売費20円×1,000個
貢献利益	1,080,000	売上高－（変動売上原価＋変動販売費）
（－）固定製造原価	400,000	本章第2節の説明より
（－）固定販売費及び一般管理費	500,000	本章第2節の説明より
営業利益	180,000	貢献利益－（固定製造原価＋固定販売費及び一般管理費）
（－）営業外費用	20,000	支払利息
経常利益	160,000	営業利益－支払利息

❖ 見積貸借対照表

　当月末の見積貸借対照表は、前月末の見積貸借対照表を修正して作成される。まず、資産の項目を検討する。

　現金は、表6－3の現金収支予算の次月繰越額が、見積貸借対照表の金額になる。売掛金は、4月の売上高（1,600,000円）の20%であるため、320,000円である。

　棚卸資産は、月末の製品と原料について検討する。月末の製品は100個で、表6－1から、製品1個あたりの変動製造原価は500円である。さらに、月末の材料は22kgであり、購入価格は1kgあたり1,500円である。したがって、月末の製品および材料の評価額は以下のように計算される。

　　製品＝月末製品100個×1個あたり変動製造原価500円
　　　　＝50,000円
　　材料＝月末材料22kg×材料購入価格1,500円
　　　　＝33,000円

　固定資産の項目として、設備の見積貸借対照表の金額を検討する。4月末の設備

の金額は、3月末の設備の金額（表6‐2）から、減価償却費（製造原価100,000円、販売費及び一般管理費100,000円）が差し引かれた金額である。そのため、固定資産の金額は以下のようになる。

設備＝3月末の設備8,000,000円－減価償却費（100,000円＋100,000円）
　　＝7,800,000円

今度は、見積貸借対照表の負債と純資産を検討しよう。負債の項目で、3月と金額が異なるのは買掛金である。3月の買掛金は、すでに支払済と想定される。しかし、4月の材料購入予算で示された金額の50％は買掛金として翌月に支払われるため、見積貸借対照表に記載する必要がある。

買掛金＝材料購入予算額303,000円×0.5
　　　＝151,500円

純資産で3月と金額が異なる項目は、剰余金である。月次の損益計算書では経常利益が発生しているため、その分だけ、3月末の剰余金（表6‐2）よりも増加しているはずである。したがって、4月末の剰余金の金額は、以下のように計算される。

剰余金＝3月末の剰余金250,000円＋経常利益160,000円
　　　＝410,000円

以上の修正をもとに、4月末の見積貸借対照表（表6‐5）が作成される。

【表6‐5　4月末の見積貸借対照表】

（単位：円）

流動資産		負債	
現金	1,358,500	買掛金	151,500
売掛金	320,000	借入金	4,000,000
製品	50,000	負債合計	4,151,500
原料	33,000		
流動資産合計	1,761,500	純資産	
固定資産		資本金	5,000,000
設備	7,800,000	剰余金	410,000
固定資産合計	7,800,000	純資産合計	5,410,000
資産合計	9,561,500	負債・純資産合計	9,561,500

参加型予算と予算ゲーム

　予算編成の方法には、トップマネジメントが部門予算や総合予算を編成し、それを各部門に実行させるというトップダウン方式と、予算責任単位である各部門が予算案を作成して、それをもとに総合予算を編成するというボトムアップ方式の2つの方法がある。

　トップダウン方式では、実情に沿った予算でなければ、押し付けられた現場の反発を招く結果になることがある。これに対して、ボトムアップ方式では、現場の実情をよく知る部門の代表者が予算編成に関わるため、現実的な予算になることが期待される。さらに、部門の代表者が予算に関わることで、その予算を達成しようという動機付けにつながるといわれている。このような方法を参加型予算という。

　参加型予算には良い面ばかりのように思えるが、必ずしもそうとはいえない。なぜなら、現場の実情をよく知る部門の代表者が、実情どおりに予算案を提示するとは限らないからである。費用予算はできるだけ多く提案して裁量を持つとともに、売上高予算はできるだけ少なく申告することで目標の難易度を下げようという動機を持つためである。このような行動を予算ゲームという。

　それでは、なぜ予算ゲームが発生するのだろうか。予算ゲームが発生する原因の1つは、社長をはじめとする経営者が、現場担当者が持っている情報を十分に知らないことである。このような問題を解決するためには、管理者側が積極的に現場の情報を収集して、現場との情報の非対称性を解消する必要があるだろう。

5 おわりに

　本章では、予算の機能と予算編成のプロセスを説明した。もし予算がなかったらどうなるのか。企業内にある資金は、各管理者の思惑通りに好き勝手に使われ、企業で働く人々は何を指針に働けばよいのかわからず、目標がないために成果も曖昧になり、たちまち経営は立ち行かなくなってしまうだろう。言い換えれば、予算があることによって、各管理者の利害が調整され、企業の戦略や目標との整合性がとれ、企業で働く人々は何を指針として行動すればよいかがわかるのである。

　ただし、予算をめぐっては、いくつかの論点がある。その１つは、予算の硬直化による弊害をどのように回避するかである。予算編成には、非常に多くの時間と資源が必要であるため、いったん決定した予算額を変更することは容易ではない。しかし、経営環境が想定外の理由で変化した場合には、当初の予算にこだわることが、企業にとって必ずしも良いとは限らない。このような問題を回避するために、予算の見直しが行われることがある。さらに、コラム6-2で示したような、予算ゲームと呼ばれる現象も指摘されている。とはいえ、現在のほとんどすべての企業が予算制度を活用しており、予算は企業の主要な管理システムであり続けている。

　なお、予算は立てたら終わりではない。実際の活動の結果が、予算を上回ったのか、または下回ったのかを確認して、その差がどういった理由で生じたのかを分析することも重要である。これについては、第7章で学習する。

第6章

? 考えてみよう

　期中に予算を変更することのメリットとデメリットを挙げなさい。

次に読んで欲しい本

加登 豊編『インサイト管理会計』中央経済社、2008年。

小林健吾『体系予算管理（改訂版）』東京経済情報出版、2002年。

堀井悟志『戦略経営における予算管理』中央経済社、2015年。

.

第 7 章

業績を評価する

第7章

1 はじめに

　企業のトップは戦略を決定し、その戦略実現のために立てられる計画が実現されるように部門ごとの詳細な役割分担や具体的な目標を設定する。しかし、いかに詳細な計画を立てたとしても、それだけでは戦略が実現されるとは限らない。計画通りできたかどうか、行動の結果を確認することが重要である。このような実績の確認は、計画を遂行する者が生み出した成果を、その計画を立てた者が評価することで行われる。そしてこの業績評価の結果、計画が遂行できていなかった場合はその原因が調査され、計画遂行に必要な対策が講じられる。つまり、業績評価は組織が戦略を実現するために非常に重要な役割を担っているのである。それでは、企業ではどのように業績が評価されているのであろうか。本章では特に重要な２つの次元での業績評価の方法を確認してみよう。

　まず１つめの次元は、予算計画に基づく業績の評価である。第６章で学習したように、予算は企業全体という枠組みだけでなく、部門や製品単位でも設定することが可能である。また、予算に基づく業績評価では、予算で設定した数値（目標値）と実際の業績（実績値）との差異がどの程度なのかを確認し、その差異を分析することが重要となる。

　次に、企業が活動を続けていくうえで、安定的かつ継続的な「利益の獲得」は不可欠であるため、組織内で実施されるさまざまな業績評価のなかでも、「利益が獲得できているのか」という基準での評価は特に重要である。第２章で学習したように、この利益獲得に責任を有する代表的な単位が事業部であるため、２つめの次元として本章では、事業部の業績を評価する方法を確認する。

2 令和堂での業績評価

　2020年４月14日、令和堂洋菓子事業部の米谷可介事業部長は寝覚めの悪い朝を迎えた。その日の午前、洋菓子事業部の2020年３月の月次経営成績および2019年度（2020年３月期）の年間経営成績が社長に報告されることになっているからだ。洋菓子事業部に属する各店舗の先月（2020年３月）の経営成績が米谷

事業部長のもとに送られてきたのは先週のことであった。その中で、彼には特に心配な店舗があった。

　米谷事業部長が憂鬱な朝を迎える1週間ほど前、名古屋にある令和堂名城公園店の柿宮景子店長もまた、心配を抱えていた。その日のうちに米谷事業部長に名城公園店の3月の経営成績を伝えることになっていたからである。洋菓子事業部に属する全店舗では2019年5月1日に元号が変更されるタイミングで、改元を祝う新製品（ロールケーキ）の販売を開始していた。ロールケーキでありながら和菓子のテイストも盛り込んだこの新製品は、社内公募で柿宮店長の案が採用され、「レイワンロール」と名付けられた。

　しかし社内の期待とは裏腹に、販売開始から現在に至るまで、レイワンロールの販売成績はどの店舗でも好調なものではなかった。表7‐1は、令和堂名城公園店で取り扱う製品の販売データのうち、レイワンロールの2020年3月の月間売上高に関する予算と実績部分を抜粋したものである。

第7章

【表7‐1　レイワンロール売上高の予算と実績（2020年3月／名城公園店）】

	販売価格	販売数量	売上高
予算	650円	800個	520,000円
実績	680円	540個	367,200円

　2020年4月14日、出社した米谷事業部長が午前の会議に参加している頃、栗原令子社長のもとに令和堂3事業部の2020年3月の月次経営成績が出揃い、これによって各事業部の2020年3月期の経営成績が明らかとなった。表7‐2は令和堂3事業部の2020年3月の月次経営成績であり、表7‐3は同3事業部の2020年3月期の年間の経営成績である。これらの資料を食い入るように見つめ、令子社長は呟いた。「洋菓子事業部をなんとかしないとダメね」。

　本節の内容および令和堂の組織階層を踏まえると、各事業部に属する店舗の経営成績が集計されたものが各事業部の経営成績となり、令和堂の全事業部の経営成績が社長のもとに集約される、という流れが理解できるだろう。名城公園店は洋菓子事業部に属しているので、同店の業績を評価するのは洋菓子事業部長の米谷であり、同店の業績に関して責任を有するのは店長の柿宮である。同様に、洋菓子事業部全体の業績に責任を有するのは同事業部長の米谷であり、この事業部の業績を評価す

【表7‐2　令和堂の3事業部における2020年3月の月次経営成績】

（単位：百万円）

	洋菓子事業部	和菓子事業部	レストラン事業部
事業部売上高	1,980	840	660
変動費	510	275	215
事業部貢献利益	1,470	565	445
短期管理可能固定費	900	265	200
管理可能事業部利益	570	300	245
その他個別固定費	490	250	190
本社費・共通費配賦前事業部純利益	80	50	55
本社費・共通費配賦額	53	29	33
事業部純利益	27	21	22

【表7‐3　令和堂の3事業部における2020年3月期の年間経営成績】

（単位：百万円）

	洋菓子事業部	和菓子事業部	レストラン事業部
事業部売上高	23,305	10,097	7,955
変動費	6,100	3,280	2,590
事業部貢献利益	17,205	6,817	5,365
短期管理可能固定費	10,800	3,200	2,410
管理可能事業部利益	6,405	3,617	2,955
その他個別固定費	5,900	2,900	2,280
本社費・共通費配賦前事業部純利益	505	717	675
本社費・共通費配賦額	205	442	410
事業部純利益	300	275	265

るのは令和堂の令子社長（もしくは社長を含む経営陣）である。

　次節以降では、名城公園店および洋菓子事業部に対して実施される業績評価をもとに、予算に基づく業績評価と事業部の業績評価について確認する。

3 予算に基づいて評価する：名城公園店の予算差異分析

❖ 売上高差異の計算

　表7-1を見ると、レイワンロールの実際の売上高は予算で設定された金額を下回っている。つまり、予算と実績値に差（予算差異）が生じているのである。レイワンロールの売上高の予算と実績値との差（売上高差異）は下記のように計算することができる。

　・売上高差異：実際売上高－予算売上高＝367,200円－520,000円
　　　　　　　　　　　　　　　　　　　＝－152,800円

　この計算より、名城公園店でのレイワンロールの実際売上高は、予算で設定した目標値に152,800円分届かなかったことがわかる。なお予算と実績値との差は、予算での目標値を達成できなかった場合だけでなく、予算での目標値を達成しさら

にその目標値以上の結果を得られた場合も生じる。差異は絶対値で示すが、生じた差異が予算での目標を達成できなかったことによって生じたものなのか、予算での目標値以上の結果がもたらされたことによるものなのかを区別する必要がある。名城公園店の売上高差異152,800円は予算目標に届かなかった金額であり、この差異は原則的に同店の経営成績に不利な影響をもたらす。したがってこのような差異のことを不利差異と呼ぶ。逆に予算目標以上の売上高が得られたことによって生じた差異の場合、原則的にその差異の分だけ経営成績に有利な影響がもたらされるため、このような差異は有利差異と呼ばれる。

❖ 予算差異の分析

　名城公園店でのレイワンロールの売上に関する業績は、152,800円（不利差異）という売上高差異の数値によって評価されるが、第4章でも示されたように、業績評価は戦略実現のためのPDCAサイクルにおいて重要な役割を担っている。つまり、戦略を実現するためには単に業績を確認（Check）するだけでなく、業績が計画通り達成できていなかった場合はその原因を明らかにし、その原因に応じた対策を講じる（Act）ことが必要になるのである。

　したがって、名城公園店のレイワンロール販売に関して生じた売上高差異（152,800円の不利差異）についても、「なぜその差異が生じたのか」、「どうすればその差異を解消できるのか」まで考える必要がある。その際、差異発生の原因を究明するために、予算と実績の差異をいくつかの要因に分解して捉えることが可能である。このような分解を通じた差異の分析を、予算差異分析と呼ぶ。要因別に差異を分解することによって、差異発生の原因を究明でき、その原因に応じたより適切な対策を講じることが可能となるのである。

　なお、予算差異分析の方法は、分析の対象となる差異やどのような要因に分解するかによってさまざまである。以下では、基本的な差異分析の方法として、売上高差異を販売価格差異と販売数量差異に分解する方法を紹介する。

❖ 売上高差異の分析

　表7−1からも明らかなように、売上高は販売価格と販売数量を掛け合わせることで計算できるが、レイワンロールではこの販売価格と販売数量それぞれの予算と

実績値との間に差が生じている。販売価格と販売数量における予算と実績値の差異が売上高差異をもたらしているのであるから、売上高差異は販売価格差異と販売数量差異に分解可能であり、計算式は以下の通りである。

・販売価格差異＝（実際販売価格－予算販売価格）×実際販売数量
　　　　　　　＝（680円－650円）×540個
　　　　　　　＝16,200円　　すなわち16,200円の有利差異

・販売数量差異＝（実際販売数量－予算販売数量）×予算販売価格
　　　　　　　＝（540個－800個）×650円
　　　　　　　＝－169,000円　すなわち169,000円の不利差異

　名城公園店でのレイワンロールの売上高差異を販売価格差異と販売数量差異に分解すると、販売数量差異が169,000円の不利差異となっており、これが売上高差異の発生に大きな影響を及ぼしているといえる。この分析結果をもとに業績評価が実施されれば、名城公園店の業績を評価する米谷事業部長は、レイワンロールの販売数量の不利差異を解消することをなによりもまず同店に指示するだろう。しかし、この不利差異発生の要因の1つは、販売価格が予算よりも高くなってしまったことかもしれない。販売価格差異は16,200円の有利差異となっており、販売価格だけ見れば利益に与える影響はプラスであるが、これが販売数量の減少につながっている可能性がある。したがって、米谷はレイワンロールの販売価格が高くなってしまった原因の究明を指示するだろう。そしてこれらの指示を受けて部下の柿宮店長は差異解消のための具体策を考え、実施することになる。

　以上、本節では予算に基づく業績評価の方法を確認した。なお、本節で説明した予算差異分析は収益（売上高）に関するものであったが、費用（たとえば直接材料費）に関する差異分析については第12章のコラム12-2を参照されたい。

4 事業部を評価する：洋菓子事業部の利益に基づく評価

❖ 事業部を評価する基準

　本章の冒頭でも述べたように、事業部という単位での業績評価が特に重要である理由として、事業部が「利益の獲得」に責任を有することが挙げられる。しかしここで注意すべきは、一概に「利益」といってもさまざまな利益概念が存在するということである。利益は簡潔に記せば「売上高－費用」で計算されるが、この「費用」に関して、事業部に関係する多様な費用のうち、どこまでの範囲を計算式に含めるのかによって、導き出される利益額やその利益概念も異なるのである。

　それでは事業部の業績評価においては、どのような基準によって利益計算に含める費用の範囲を決定しているのであろうか。これに関しては、第2章で学習した管理可能性基準が原則的には適用される。つまり、事業部長が管理可能な費用はその発生に関して事業部長が責任を負うものであるから、事業部の業績となる利益を計算する際に、それらの費用も計算に含められる。他方、事業部長が管理不可能な費用に関しては、その費用発生の責任を事業部長に負わせるべきでなく、この場合、その費用項目を除外した形で計算された利益が業績評価に用いられるのである。

❖ 利益額による事業部の評価

　表7-2および表7-3は令和堂の3事業部の経営成績を示したものであるが、どこまでの範囲の費用を利益額の計算に含めるのかによって、得られる利益概念はさまざまである。

　これらの表を上から順に確認すると、各事業部の売上高から変動費を控除することによって、事業部貢献利益が得られる。第5章でも学習したように、貢献利益は利益計画をはじめとするさまざまな局面において用いられる重要な利益概念である。しかし事業部の業績評価に貢献利益を用いることは適切ではない。なぜなら、貢献利益の計算に含まれる費用は変動費に限られるが、管理可能性に基づけば、各事業部長が有する責任は変動費だけでなく固定費にも及ぶからである。たとえば令和堂

の洋菓子事業部の場合、各店舗での接客方法を教育しなければならない。そのためには従業員に定期的に研修を受けさせる必要があるが、その費用（教育訓練費）は売上と関係なく一定額発生する。このような費用の発生にも洋菓子事業部長は責任を負うため、これらの費用を考慮しない利益概念による事業部の評価は適切とはいえないのである。

　表7‐2および表7‐3では、事業部貢献利益から固定費のうち短期管理可能固定費を控除することによって、管理可能事業部利益が計算されている。この利益概念で事業部を評価する場合、事業部長が責任を有する費用には変動費だけでなく、固定費のうち短期的にその発生について事業部長が管理可能なもの（上記の教育訓練費の他に広告宣伝費や研究開発費など）も含まれることになる。したがって管理可能事業部利益は、事業部の短期的な業績を評価する際には妥当性を有する。

　次に、短期的には管理不可能な固定費を管理可能事業部利益から控除することで計算されるのが、本社費・共通費配賦前事業部純利益である。短期的には管理不可能な固定費であっても、事業部が保有する固定資産の利用から発生するものであれば、その固定資産の利用方法などに事業部長が影響を及ぼすことによって、長期的に見れば管理可能であるといえる。このような考えに基づけば、この利益概念が事業部の妥当な業績評価指標といえる。

　最後に、本社費・共通費配賦前事業部純利益から本社費および共通費の配賦額を控除することによって、事業部純利益が計算される。本社費とは総務部や経理部といった本社機構において発生する費用などであり、共通費とは、たとえば社内の情報システムの構築や運用に関わる費用や新入社員研修で発生する費用などである。本社費や共通費には、各事業部に賦課できるものもある一方で、賦課できないものも存在する。賦課できない本社費・共通費の発生に関して事業部長は管理可能でないため、管理可能性基準に基づけば、事業部純利益による業績評価は否定されるべきである。

　しかし、日本およびアメリカの企業では、事業部純利益による業績評価が一般的であるといわれている。事業部は利益獲得に責任を有するが、その責任を果たす際には企業の内部・外部におけるさまざまな環境変化に対応することが求められる。したがって、事業部純利益によって業績評価が行われる理由の1つには、さまざまな環境の変化に対応したうえで利益を獲得するために、事業部の資産に加えて、本社が提供する情報などを活用することが求められるため、それらに要したあらゆる費用を回収したうえで得られる事業部純利益が事業部の業績評価指標として妥当だ

第7章

と考えられるためである。

　以上、事業部の業績評価に関する４つの利益概念を紹介した。このうち、令和堂の各事業部を事業部純利益で評価した場合、表７‐２および７‐３より、洋菓子事業部は2020年３月の１カ月間で2,700万円の純利益を、そして2019年度（2020年３月期）には３億円の純利益を獲得しており、他の２事業部と比較した場合、高い評価を得られるはずである。しかし、令子社長は各事業部の経営成績を見比べ「洋菓子事業部をなんとかしないとダメね」と呟いていた。その理由を以下で明らかにしていこう。

❖ 利益率による事業部の評価

　前項で紹介した４つの利益概念は、いずれも利益の金額を示すものであった。それゆえ、これらの指標で令和堂３事業部の業績を評価した場合、その金額が最も大きい事業部が最も高い評価を得ることは当然だと考えるかもしれない。しかしここで、利益額で評価することが事業部の業績評価にとって適切なのかを考えてみよう。第２章で学習したように、一般的に事業部は利益に対して責任を負うプロフィットセンターといえるが、事業部のなかにはインベストメントセンターに分類されるものも存在する。インベストメントセンターは利益獲得に対してだけでなく、利益獲得のために使用された資本（投下資本）にも責任の範囲が及ぶ。つまり、事業部をインベストメントセンターとして捉えた場合、利益額だけで評価するのではなく、いかに投下資本を効率的に使用して利益を獲得しているのかという側面から評価することが妥当となり、このような評価は投下資本を分母とした資本利益率を指標として行われる。

　資本利益率は分母となる投下資本をどのように定義するのかによってさまざまに区別することができるが、ここでは代表的なものとしてROI（投下資本利益率）について見てみよう。ROIの計算式は以下の通りである。

　・投下資本利益率（％）＝ $\dfrac{\text{利益}}{\text{投下資本}} \times 100$

　なお、上記計算式の分母（投下資本）および分子（利益）の範囲は、その指標を用いる業績評価の目的やその対象によって異なる。ROIの場合、一般的に分子（利益）には営業利益や経常利益を用いるが、表７‐４で示される令和堂３事業部の2020年３月期のROIの計算には分子に事業部純利益を用いている。

┌─ Column 7 - 1 ─┐

振替価格

　企業内の各事業部は利益獲得に責任を有し、それぞれ自己充足的に活動を行っている。しかし各事業部間にはある程度の相互依存性も存在し、その1つとして事業部間での部品・製品等の売買があげられる。

　たとえば本文で示したレイワンロールを取り上げると、レイワンロールは洋菓子事業部で製造・販売されているが、和菓子のテイストを取り入れるために白玉を使用しているとしよう。この場合、洋菓子事業部は企業外部から白玉を購入することもできるが、和菓子事業部が製造していた場合はそこから購入することもできる。ここで、洋菓子事業部が和菓子事業部から白玉を購入する場合、洋菓子事業部に販売する白玉の価格を和菓子事業部はどのように設定するのかが問題となる。

　このような事業部間での取引において設定される価格のことを振替価格と呼ぶが、この振替価格を設定する基準としては、市価基準と原価基準が一般的に知られている。事業部間で取引される部品や製品に市場価格が存在する場合、市価基準が適用される。上記の例でいえば、和菓子事業部が令和堂外部にも白玉を販売している場合、市価基準が適用され、白玉の販売価格（市場価格）をベースにして振替価格が設定される。

　しかし、工業部品などでは、市場において流通しないものもある。そのような場合、市場価格が存在しないため、原価をもとに振替価格を決定する原価基準がとられる。そこで問題となるのは、原価そのものを振替価格とするか、原価に利益を加えた価格を振替価格とするかである。一般的には、原価そのものをベースとした振替価格が設定されるのは事業部という組織単位が定着していない間などの限定的な場合であり、本来的に事業部は利益獲得に対して責任を有するため、利益分を含む振替価格の設定が一般的である。しかし、原価に加算する利益の額をいくらにするかについては、経営的な判断が必要である。なぜなら、振替価格に含める利益の大きさによって、販売する側の事業部と購入する側の事業部の事業部利益の金額が変わるからである。

　表7-4より、純利益額では他の2事業部よりも優れた業績を出していた洋菓子事業部のROIが最も低いことがわかる。

【表7-4　令和堂3事業部の2020年3月期ROI（実績値）】

（単位：百万円）

	洋菓子事業部	和菓子事業部	レストラン事業部
事業部純利益	300	275	265
事業部投下資本	29,310	7,490	6,695
ROI実績値（％）	1.02	3.67	3.96

　ここまで、令和堂3事業部の業績に関して、各事業部間の比較によってその優劣を見てきた。しかし、予算に基づく業績評価の部分でも見たように、業績は目標達成の有無という観点からも評価される。令和堂は中期経営計画において、3年後にROAを5％とする目標を掲げている。ここでのROIは事業部の投下資本利益率であるため、全社の収益性を表すROAとは資産や利益の範囲が異なるが、事業部としてはROIを5％に近づけることが、全社のROA5％という目標達成につながる。それを踏まえると、洋菓子事業部のROIは非常に低い。洋菓子事業部は主力事業部であり、工場などの先行投資を行ったが、それを回収するだけの売上が十分に獲得できていないことが問題だと考えられる。このように、洋菓子事業部の業績は、純利益額こそ他の2事業部よりも大きいが、投下資本の効率的な使用という観点から見た場合、他の2事業部より悪いうえにその目標値を大幅に下回っていることがわかった。令子社長が「なんとかしないとダメね」と呟いた理由はこれだったのである。

5　おわりに

　本章では予算計画に基づく業績評価と事業部の業績評価という2つの次元から、業績評価の方法について確認したが、本章で紹介しきれなかったものも含め、業績を評価する際に活用される指標にはさまざまなものがある（その一部についてはコラム7-2参照）。これらの多様な業績評価指標のうち、どの指標を用いるのかということは、社長などの経営管理者（評価する側）が従業員（評価される側）にどのような行動を求めているのかと密接な関係がある。たとえば令和堂の各事業部の業績が純利益でのみ評価されるのであれば、各事業部長は投下資本には注意を払わず、純利益額の大きさを追い求めようとするだろう。つまり、ROIで業績評価を行うということには、各事業部の投下資本の効率的な使用にも目を向けよ、という業績を

Column 7 - 2

残余利益と経済的付加価値（EVA®）

　本文中では事業部をインベストメントセンターとして捉えた場合、いかに投下資本を効率的に使用して利益を獲得しているのかという側面から評価することが妥当であるとし、その評価方法の一例としてROIを紹介した。この指標は投下資本を分母とした利益率を計算するものであるが、このような資本利益率ではなく、投下した資本と利益との関係性を金額で示す指標も存在する。このコラムではそのような指標として、RI（残余利益）とEVA®（Economic Value Added：経済的付加価値）を紹介する。

　下記の計算式からも明らかなように、これら2つの指標には資本コストが関係している。資本コストとは企業が資本を調達するために必要なコストのことであるが、資本の提供側から見ると、この資本コストとは企業に期待するリターンとなる。本文中にも示したように、どの業績評価指標を用いるのかは、どのような行動を求めているのかと密接な関係があるが、RIやEVA®による業績評価がなされる場合、そこには資本提供者（市場）の期待を上回る収益率を上げよ、という評価する側の意図が存在する。

　RI（残余利益）における「利益」とは営業利益（あるいは税引後利益）から資本コストを控除しても残った利益のことであり、計算式は以下の通りである。

　・RI＝営業利益－資本コスト

　次にEVA®はコンサルタント会社のスターン スチュワート社によって提唱された指標であり、RIの発展形と位置付けられる。EVA®の計算式は下記の通りである。

　・EVA®＝税引後営業利益（NOPAT）－資本コスト

　上記計算式におけるNOPATとはNet Operating Profit After Taxのことである。NOPATは会計上の数値に経済的な現実を反映させるための調整がなされており、会計上の税引後営業利益に類似するものであるが若干異なる。

　なお、RIおよびEVA®の計算式に登場する資本コストは、負債の資本コストと株主資本コストの2つで構成されているため、これらの計算式における資本コストには、負債の資本コストと株主資本コストの加重平均資本コスト（WACC）が用いられる。WACCの計算方法については第10章で説明されているのでそちらを参照されたい。

評価する側の意図が込められているのである。

　しかしここで重要なことは、業績評価は時として、評価する側が意図しなかった影響を評価される側にもたらすということである。たとえばROIによる業績評価を実施した場合、令和堂の洋菓子事業部長は分母となる投下資本の金額を小さくすることを通じてROIの数値を高めようと考え、事業部での投資に消極的になるかもしれない。これは洋菓子事業部の競争力低下を招き、令和堂全体に対しても好ましくない影響を与えるだろう。ゆえに業績評価においては、使用する業績評価指標が評価される側の行動に与える影響を十分に考慮する必要がある。

? 考えてみよう

　自身が受講している科目（たとえば管理会計の授業）を1つ取り上げ、その科目の成績評価の方法が皆さんの行動に与える影響を考えてみよう。また、自身がその科目を積極的に勉強するようになるにはどのような方法での成績評価が望ましいかも考えてみよう。

次に読んで欲しい本

伊丹敬之、青木康晴『現場が動き出す会計―人はなぜ測定されると行動を変えるのか』
　日本経済新聞出版社、2016年。
岡本　清、廣本敏郎、尾畑　裕、挽　文子『管理会計（第2版）』中央経済社、2008年。
谷　武幸『エッセンシャル管理会計（第3版）』中央経済社、2013年。

第 **8** 章

非財務指標を活用する

第8章

1 はじめに

　各事業部および従業員の業績を適切に評価するために、どのような業績評価指標が必要だろうか？　企業の業績評価は事業部長や従業員の行動に影響を与える。そのため、経営者は戦略を遂行するために、従業員の積極的な参加を促進することを目的として、多様な業績評価指標を活用する。しかし、多くの企業では、顧客関係、イノベーション、経営品質などを戦略として提示しながら、売上高、投下資本利益率（ROI）、当期純利益などの財務指標のみで業績を評価している傾向が見られる。それは、経営成績を表す指標として損益計算書上の利益が一般的であり、また株主に帰属する当期純利益を高めることが株主から強く求められていることなどが理由として考えられる。しかし、財務指標は相対的に過去の活動の成果を表すことが多いため、将来の成長性、競争力に対する指標としての役割を果たしていないことが指摘できる。

　特に、近年は企業を取り巻く環境が急速に変化しているため、財務指標のみを用いた業績評価では十分とはいえない。企業は利益追求を主な目的としているが、そのためには顧客を満足させ、顧客に多くの商品を買ってもらう必要がある。そこで顧客満足度のような非財務指標も重要である。すなわち、より適切な業績評価を行うためには、企業の現状を財務指標で評価するだけではなく、企業が持続的に成長していくように、将来のことを予測できる非財務指標も必要とされるのである。本章では、財務指標と非財務指標を同時に活用して、企業業績を多角的に評価できるバランストスコアカード（Balanced Scorecard、以下BSC）をもとに、戦略の実現や業績評価における非財務指標の重要性について学習する。

2 財務指標による業績評価の限界

　令和堂では、広い消費者層をターゲットにした既存戦略の代わりに、20代、30代の男女をターゲットに良質スイーツの販売を強化するといった新戦略が策定された（第4章を参照）。新戦略のターゲットとなる消費者に訴求する商品は主に洋菓子であるため、洋菓子事業部には3年間で30％の売上増という目標が立てられて

いる。この目標を達成するために、洋菓子事業部では20代、30代向けの新商品を開発し、百貨店やファッションモールなどに出店することを考えているが、洋菓子事業部の米谷可介事業部長はこれからの洋菓子事業部の業績評価を心配している。なぜなら、令和堂では各事業部の業績を財務指標であるROIで評価しているからである。

　米谷事業部長は、ROIを向上させないといけないというプレッシャーを強く受けているため、新商品開発、新店舗開拓、人材育成などに対する経費を削減しようとし、長期的な将来の成長につながるような投資をためらうかもしれない。事業部長のこうした行動は、短期的には経費を削減して、利益を増加させることになるが、技術や店舗、人材など、将来の利益を生み出す源泉を縮小させるおそれがある。

　このように財務指標のみでの業績評価は、競争の激しい環境下では、企業の成長を促す上で弊害も見られる。売上高、利益などの財務指標は、各事業部長がとった行動の結果であり、現在や将来にとるべき行動については十分情報を提供していないからである。また、結果を表す財務指標を短期的に改善するために、業績評価制度の設計者である経営者が意図しない行動を事業部長たちにとらせる可能性がある。こうした財務指標が持つ問題点を克服するために、栗原令子社長は、ROIに基づいた従来までの業績評価の代わりに、新しくBSCを採用することの検討を始めた。以下では、財務指標に非財務指標を補完することにより、総合的に企業業績が評価できるBSCの概念、構成要素、構造、戦略マップなどについて説明する。

3 財務指標と非財務指標のリンク

❖ バランストスコアカードの概念

　BSCとは、財務指標だけではなく、非財務指標をあわせて多面的に企業業績を管理する業績評価システムである。企業の経営戦略を成功させるために、アメリカのハーバード大学教授であるロバート・キャプランとコンサルティング会社を経営するデビッド・ノートンは、非財務指標を財務指標とともに体系的に管理できるBSCを考案した。BSCでは、業績評価指標を企業の戦略から導き出し、財務の視点、顧客の視点、社内ビジネス・プロセスの視点、学習と成長の視点という4つの

視点から企業業績を評価する。

　BSCでは、戦略の遂行において欠かすことのできない要因を従業員に伝達するために、多様な業績評価指標を活用している。株主が期待する利益獲得などの財務的視点を重視しながらも、それを実現するために顧客の要請に応えられているかを考えることが求められる。たとえば、売上高という財務指標は、結果をあらわす指標であり、結果が出てからの対応では遅いかもしれない。そのため、顧客満足度を調査したり、苦情の内容を検討することによって、顧客の要請に応えるような事業プロセスになっているかや、それを実現するための従業員の能力向上が実現できているかなどについて、指標を用いて評価することが必要になる。このことによって、短期的目標の達成だけではなく、長期的な戦略実現を可能にするために、財務の視点、顧客の視点、社内ビジネス・プロセスの視点、学習と成長の視点といった4つの視点により、財務指標と非財務指標のバランスを保って、戦略の実現を目指すのである。

┌ Column 8 - 1 ┐

BSCにおけるバランスとは？

　BSCは、その名の通りバランスのとれた業績報告書を表す。ここでは、BSCにおけるバランスとは何かを説明する。BSCの「バランス」には、財務指標と非財務指標、外部指標と内部指標、定量的指標と定性的指標のバランスが含意されている。

　第1に、財務指標と非財務指標のバランスをとる必要がある。財務業績を重視しすぎると、それを良くしようと短期的な利益につながる行動を重視し、将来の利益獲得につながる行動をおろそかにする可能性がある。そのため、BSCでは財務指標に加えて、財務業績につながる市場占有率、顧客満足度、従業員満足度など、将来の業績向上を導く非財務指標を同時に表している。

　第2に、外部指標と内部指標のバランスをとる必要がある。BSCの4つの視点のうち、財務の視点、顧客の視点では、売上高、利益、顧客満足度などのように、株主、顧客という企業外部の利害関係者に関わる指標が活用される。一方、社内ビジネスプロセスの視点、学習と成長の視点では、サービス品質、従業員満足度などのように、マネジャーや従業員という企業内部の利害関係者に関わる指標が同時に活用される。

　第3に、客観的指標と主観的指標のバランスをとる必要がある。財務指標は会計基準に従って測定される客観的指標であるが、他方で非財務指標には離職率や提案件数のように客観的指標が用いられる一方で、顧客満足度や従業員満足度のように、測定の仕方が多様で、評価者の主観が入り込む余地が含まれる指標も用いられる。評価する際に主観が入ることの是非はあるが、客観的だが画一的な評価だけでは、現状を十分に評価できない場合もあり、客観的指標と主観的指標を共に用いることで両者のバランスをとっているのである。

第8章

❖ バランストスコアカードの構造

　表8－1は、ROIの向上を目的に令和堂の洋菓子事業部が作成したBSCである。BSCの縦方向には、4つの視点が、財務の視点、顧客の視点、社内ビジネス・プロセスの視点、学習と成長の視点の順に配置され、これらの視点は企業が財務的な目標を達成するための因果関係を示している。

まず、財務の視点は、戦略を達成するために、事業部長や従業員がどのように行動すべきかを表す。財務の視点においては、「いかに売上高を上げるか」、「いかにコストを下げるか」などのように、企業が最終的にどのような財務的成果を目指す必要があるかを明確にする項目を設定する。そのため、財務の視点における主な業績評価指標として、ROI、経常利益、売上高利益率、売上高成長率などが活用される。洋菓子事業部では、収益性の向上といった財務的な成果を評価する目的に、「ROI（財務指標）」を業績評価指標として用いることにした。

【表 8 - 1　洋菓子事業部のBSC】

視点	戦略目標	業績指標	目標値	実施事項
財務	・収益性の向上	・ROI	・5％	―
顧客	・新商品の提供 ・顧客満足の向上	・新商品売上比率 ・顧客満足度	・20％以上 ・80％以上	・新商品プロモーション ・顧客アンケート
社内ビジネス・プロセス	・魅力的な新商品の開発 ・接客プロセスの改善	・新商品開発件数 ・接客プロセス改善件数	・年間20件 ・年間50件	・高品質材料の仕入 ・新商品開発チーム組織 ・接客改善検討会議
学習と成長	・優秀なパティシエの確保 ・従業員満足の向上	・離職率 ・従業員満足度	・10％未満 ・90点以上	・社内教育・研修の実施 ・資格取得の支援 ・従業員アンケート

　次に、顧客の視点は、財務的な目標を達成するために、事業部長や従業員が顧客に対してどのように行動すべきかを表す。顧客の視点においては、「顧客は誰か」、「その人は何を求めているか」のように、企業が重要だと考えている顧客は誰で、主要な顧客層はその企業が提供する商品についてどのように考えているかを明確にする項目を設定する。顧客の視点における主な業績評価指標としては、顧客満足度、顧客維持率、新しい顧客の獲得などが挙げられる。洋菓子事業部では、顧客が新商品についてどのように考えているか、顧客が求めている商品を提供しているかを評価する目的で、顧客の視点に「新商品売上比率（財務指標）」と「顧客満足度（非財務指標）」の業績評価指標を用いることにした。

　社内ビジネス・プロセスの視点は、顧客の満足を向上させるために、企業がどのようなビジネス・プロセスを実施すべきかを表す。社内ビジネス・プロセスの視点においては、「顧客が必要としているものを作っているか」、「その際に無駄なく効率的に作っているか」のように、企業がターゲットとする顧客に対して製品やサービスを提供できるように業務が遂行されているかを見ている。社内ビジネス・プロセスにおける主な業績評価指標として、新製品開発件数、品質改善件数、生産性向上率、納期遵守率、事故率などが活用される。洋菓子事業部では、顧客が求める新商品をどれくらい開発しているかを評価する目的で、社内ビジネス・プロセスの視点に「年間新商品開発件数（非財務指標）」を業績評価指標として用いることにした。さらに接客プロセスの改善を目的として「接客プロセス改善件数（非財務指標）」を設定した。

　最後に、学習と成長の視点は、戦略を達成するために、どのように個々の従業員の能力およびスキルを高めるかを表す。学習と成長の視点においては、「従業員のスキルをどのように向上させるか」、「優秀な人材をどのように確保するか」のように、長期的な成長と業務改善を行うための人材とシステムがどれぐらい整備されているかを見ている。学習と成長の視点における主な業績評価指標には、従業員満足度、離職率、社員教育資格取得数などがある。米谷事業部長は、優秀なパティシエの確保と従業員満足の向上を目的に、学習と成長の視点に「離職率（非財務指標）」と「従業員満足度（非財務指標）」の業績評価指標を用いることにした。

　一方、BSCの横方向には、1列目の4つの視点から、2列目の戦略目標、次に業績指標、それから目標値、実施事項の順に構成されている。戦略目標は、戦略を遂行する上、各視点において実現すべき目標を設定する。業績指標は、戦略目標の達成度を測定するための指標である。目標値は、戦略目標を達成するために設定した具体的な目標（数字および金額）である。最後の実施事項は、その目標値を実現するために事業部長や従業員が行った具体的な活動である。横方向のこれらの要素も、それぞれ因果関係を表している。

❖ 4つの視点間の因果関係

　BSCの大きな特徴は、4つの視点間に因果関係が存在することである。表8‐1の1列目に表示されている財務、顧客、社内ビジネス・プロセス、学習と成長の4つの視点は、学習と成長の視点から上に向かって、最上位に位置する財務の視点

の戦略目標を達成するための原因と結果の連鎖を示している。

　５％のROIという財務的な成果を達成するために、洋菓子事業部はどのような活動を行う必要があるのか。洋菓子事業部が作成したBSCでは、「収益性の向上」を評価するROIが財務視点の業績評価指標であるが、この業績評価指標の原因には、新商品の提供を通じた新規顧客による売上増の場合もあり、または既存顧客のリピートによる売上増の場合もある。洋菓子事業部で顧客の好みを分析した結果、顧客は新しい商品と、商品に使用した材料に敏感であるという事実がわかった。そこで、新商品を提供すると、顧客の満足度も上がり、さらに財務業績の向上も期待できる。このようなことから、洋菓子事業部のBSCには、20％以上の新商品売上比率と80％以上の顧客満足度を達成させるために、「新商品の提供」と「顧客満足の向上」という戦略目標を、顧客の視点に組み込んでいる。

　次に、洋菓子事業部は新商品を提供するために、社内ビジネス・プロセスで何をすべきかを考える。まず洋菓子事業部は、新商品開発チームを組織して、顧客が何を求めているか顧客ニーズを調査し、それに基づいてターゲットにする主要な顧客層である20代、30代の男女が求めている新商品を開発する。顧客は良質な材料に敏感であることが顧客調査からわかったため、良質な材料を使用した新商品を開発して、商品の質を向上させることを決定した。さらに、従業員による接客内容の向上が顧客満足に貢献することも判明した。したがって、良質な材料を使用した「魅力的な新商品の開発」と「接客プロセスの改善」が、BSCの社内ビジネス・プロセスの視点における戦略目標となる。

　ところで洋菓子事業部では、どのようにして魅力的な新商品の開発と接客プロセスの改善を達成できるか、という新たな問題が発生する。この問題の解決策は、新商品を作る優秀なパティシエを確保することである。そこで、優秀なパティシエの離職を防いで、現場での満足度を向上させるために、現場のパティシエを対象にした社内教育・研修を実施し、さらに、スキルアップを可能にするための資格取得を支援する必要がある。このようなことから、10％未満の離職率と80％以上の従業員満足度を達成することを目的に、「優秀なパティシエの確保」と「従業員満足の向上」という戦略目標を、学習と成長の視点に組み込んでいる。

　このように、洋菓子事業部のBSCにおける財務、顧客、社内ビジネス・プロセス、学習と成長の４つの視点と、４つの視点におけるそれぞれの戦略目標は、縦方向に因果関係が形成される。

❖❖ 戦略マップ

　前述したように、令和堂の洋菓子事業部が作成したBSCには、ROI、新商品売上比率、年間新商品開発件数、顧客満足度、従業員満足度など多くの業績指標が使用されているため、混乱を招く恐れがある。BSCを作成するときに、縦方向の因果関係を想定しても、４つの視点ごとに戦略目標および業績指標を設定するだけでは、その因果関係を理解することが難しいからである。そのため、BSCを利用する際は、経営戦略における各戦略目標の位置付けを明確にするために、「戦略マップ」という仕組みを利用することが有用である。戦略マップとは、４つの視点において採用された各戦略目標の間を矢印で結び、戦略目標間の因果関係を図にして表したものである。４つの視点のそれぞれで設定した戦略目標の因果関係を戦略マップ上に示すことによって、経営戦略の全体を表現できるのである。

【図8‐1　洋菓子事業部の戦略マップ】

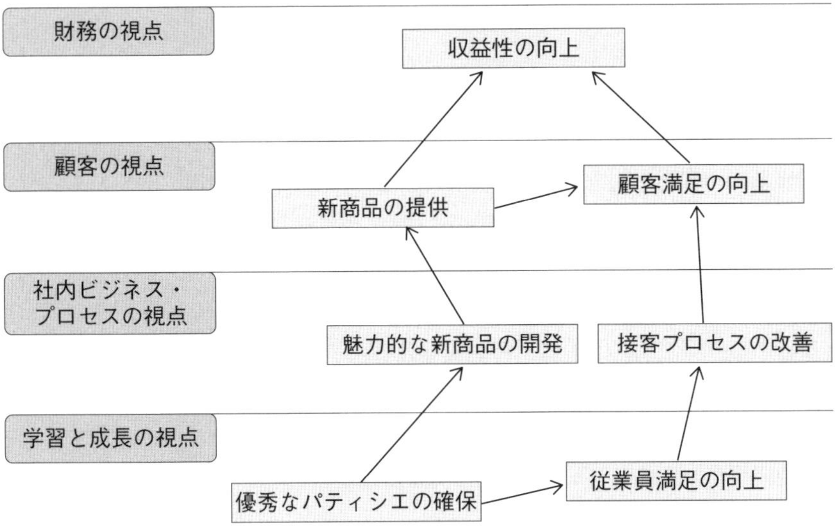

第8章

　令和堂の洋菓子事業部において、ROI５％といった収益性向上を最終的な目標とした戦略マップを表すと、図8‐1のようになる。図8‐1では、まず、学習と成長の視点における「優秀なパティシエの確保」という戦略目標の達成が、同視点の

「従業員満足の向上」と社内ビジネス・プロセスの視点における「魅力的な新商品の開発」と「接客プロセスの改善」という戦略目標の達成、さらに顧客視点における「新商品の提供」と「顧客満足の向上」という戦略目標の達成につながり、最終的に財務の視点における「収益性の向上」の達成へ到達するという一連の流れを示している。

このように、戦略マップの利用によって、BSCのみでは示すことが困難である縦方向の因果関係を視覚化することができる。戦略マップには、経営戦略を具体的にわかりやすく表現する役割とともに、経営戦略に対する業績指標間の関係を検証するという役割を果たしているのである。

4 企業へのバランストスコアカードの役立ち

これまで、令和堂の洋菓子事業部におけるBSCについて、財務の視点、顧客の視点、社内ビジネス・プロセスの視点、学習と成長の視点に分類し、さらにそれぞれの因果関係について説明した。以下では、BSCの採用が、企業にどのように役立っているかを述べる。

第1に、BSCは従業員に企業の戦略を理解させるために役立つ。令和堂の洋菓子事業部が作成したBSCの事例でわかるように、BSCを作成する際には、事業部長や従業員は戦略の重要性を認識し、それを達成させるために、BSCにおける4つの視点ごとの戦略目標、業績指標、それらの関係などを検討する。それによって、従業員は戦略についての理解を深め、日々の仕事に対する動機付けの向上が期待できる。BSCの各視点で戦略目標を明確に表現することにより、事業部長や従業員は自分たちのすべきことと、企業の長期的目標との連携を理解することができるのである。

第2に、BSCはさまざまな企業活動について戦略上の優先順位を決定することを可能にする。企業の予算は、戦略上の重要性が高い活動に配分される。BSCは、4つの視点における重要な戦略目標を取り上げ、それらの因果関係を通じた財務的成果の達成を図るシステムであるため、戦略的に重要ではない活動は外し、戦略実行に最も重要な活動に予算が配分できるように指針を提供する。

第3に、BSCは戦略とリンクさせた業績評価システムであるため、成果連動型の報酬制度として活用できる。BSCは財務指標を重要な業績評価指標としている

Column 8-2

非財務情報の開示

　近年、長期的利益を求める株主の増加や、企業の社会的責任に対する要請の高まりなどを受けて、利害関係者による企業の非財務情報の関心が高まっており、利害関係者に有用な非財務情報を開示する企業が増加している。非財務情報開示は、有価証券報告書のような制度開示の中でも進んでいるが、それでは十分ではなく、多くの企業は統合報告書などを独自に作成し、自主的に情報を開示している。

　まず、有価証券報告書は、有価証券の公正な取引や投資家の保護を目的とし、主に投資家にとって有用な企業の財政状態や経営成績などの財務情報を提供している。この中で、将来の財政状態や経営成績に重大な影響をもたらす可能性があるリスクおよび機会について説明することが近年求められており、有価証券報告書内の事業および経理の状況に関する事項の中で、投資家の判断に重要な影響を及ぼす可能性のある事業等のリスク、研究開発活動、コーポレートガバナンスなどの非財務情報が記述されている。

　一方、統合報告書は、企業の利害関係者に対し、企業が短期、中期、長期にわたりどのように価値を創造するかについて説明する書類である。2013年に国際統合報告評議会（International Integrated Reporting Council）が統合報告書作成についての考え方を示した「国際統合報告フレームワーク」を公表して、これ以降、統合報告書を発行する企業が増加している。KPMGジャパンの調査によると、2018年時点で414社の日本企業が統合報告書を発行している。統合報告書では、企業が中長期にわたって企業価値を向上させていくために、財務資本だけでなく、研究開発の成果や権利、人材、自然環境、社会関係資本など、財務諸表に掲載されないものも含めて、価値創造に必要とされるものをどのように用いて、どのような価値が創造されたのかについて説明することが求められている。本書で取り上げたBSCの考え方を用いて、自社の多様な資本が価値の創造につながっていることを説明している企業もみられる。

第8章

が、さらに顧客、社内ビジネスプロセス、学習と成長に関わる業績を長期的な財務的成果にリンクさせる業績評価システムである。従業員の報酬をBSCの業績評価指標にリンクさせることで、戦略や企業目標に対する従業員のコミットメントを高め、戦略の遂行に向けて従業員のモチベーションを向上させることにつながる。

　第4に、BSCは従業員間のコミュニケーションの向上を促す。企業の戦略は一

人の事業部長や従業員が達成できるものではないため、業績指標を、従業員個人が企業戦略に貢献する行動に落とし込む必要がある。令和堂の洋菓子事業部で使用したROI、新商品売上比率、顧客満足度、従業員満足度のように、事業部長や従業員が各視点の財務指標と非財務指標を検討するので、従業員間のコミュニケーションが促進される。そこで、企業がBSCを採用することにより、従業員は戦略や将来の企業目標などをお互いに共有できるようになるのである。

5 おわりに

売上高や利益などの財務指標を重視しすぎると、マネジャーや従業員の短期主義的な行動を招いてしまい、会社の戦略が実現できない。そこで本章では、財務指標のみを用いた業績評価が持つ問題点を克服するために、財務指標と非財務指標を同時に活用することにより、多角的に企業業績が評価できるBSCについて説明した。

BSCでは、財務の視点、顧客の視点、社内ビジネス・プロセスの視点、学習と成長の視点を縦方向の順に配置し、これらの各視点に戦略目標、業績指標、目標値などをそれぞれ策定する。特に、4つの視点におけるそれぞれの戦略目標は、縦方向に因果関係の結びつきが形成されるため、最終的に財務的な目標が達成できる仕組みとなっている。たとえば、令和堂の洋菓子事業部が作成したBSCには、各視点のそれぞれの業績指標として、財務指標と非財務指標が同時に活用されているため、洋菓子事業部が企業目標の達成にどのように貢献したかについて、より多角的に業績が評価できるのである。

他に、BSCを作成する際、事業部長や従業員は4つの視点ごとの戦略目標、業績指標、それらの関係などを検討するので、BSCは戦略に対する従業員の理解を向上させ、さらに、従業員間のコミュニケーションを促進させることができる。したがって、適切な業績評価を行い、戦略の遂行を成功させるためには、非財務指標を財務指標とともにBSCにわかりやすく落とし込むことが重要であろう。

本章はBSCを例に非財務指標の重要性とその活用について事業部戦略の遂行という観点から見てきた。当然ながら、生産や品質管理、環境管理などの各事業活動においても非財務指標は活用されており、詳しくは後の章で解説する。

❓ 考えてみよう

令和堂は洋菓子事業部、和菓子事業部、レストラン事業部に構成されている。洋菓子事業部の戦略マップを参考にし、レストラン事業部の戦略マップを考えてみよう（レストラン事業部BSCにおける財務視点の戦略目標は、洋菓子事業部と同様に「収益性の向上」である）。

次に読んで欲しい本

キャプラン・R.S.、ノートン・D.P.（櫻井通晴監訳）『キャプランとノートンの戦略バランスト・スコアカード』東洋経済新報社、2001年。

キャプラン・R.S.、ノートン・D.P.（櫻井通晴・伊藤和憲・長谷川惠一監訳）『戦略マップ：バランスト・スコアカードの新・戦略実行フレームワーク』ランダムハウス講談社、2005年。

櫻井通晴『戦略的マネジメント・システム バランスト・スコアカード―理論とケース・スタディ』同文舘出版、2008年。

第8章

第 9 章

業務的意思決定を支援する

第9章

1 はじめに

企業経営を遂行するプロセスにおいて、経営者を含む管理者は、さまざまな意思決定を行う必要がある。たとえば、業務の外部委託を行うか、顧客からの受注を引き受けるか、さらに、どのような事業や設備のために投資するかなどである。本章では、現在の事業構造を変えないような、業務的意思決定と呼ばれる分野を学習する。その一方で、投資を通じて事業構造を大きく変えるような長期的意思決定は、第10章で取り扱う。

意思決定とは、いくつかの選択肢（代替案）のなかから、最善の行動を決めることである。現実に意思決定を行う場面では、個人の直感に頼ることもあるだろう。しかし、組織的な意思決定は、①課題の認識（何を解決したいのか）、②代替案の探索（どのような解決方法があるか）、③代替案の評価（代替案を採用した影響はどの程度か）、④代替案の選択（全体としてどれが望ましいか）という4段階に分けられる。

企業にとって有利な代替案を選択するためには、各代替案の経済性を評価する必要がある。代替案の経済的な効果は、最終的には、現金流入または現金流出に反映される。そのため、代替案を評価する段階では、差額原価収益分析を通じて、代替案の実行に伴う現金の増減を明らかにすることが重要である。

本章では、業務的意思決定の事例として、令和堂に併設したレストランにおける自社製造と外部購入の選択問題、および焼き菓子の受注可否問題について検討する。

2 焼き菓子の自製・購入と受注の可否

令和堂の店舗にはレストランを併設しており、コーヒーや紅茶などの飲料に焼き菓子を添えて、顧客に提供している。焼き菓子の1ヵ月あたりの消費量は20,000個である。これまで、焼き菓子は外部の製造業者である六甲台製菓から、1個あたり40円で購入していた。

しかし、栗原令子社長が自社の製造技術力を高めるよう指示したため、洋菓子事業部は、昨年度に焼き菓子の製造ノウハウを獲得した。焼き菓子の自社製造に関連

する社内外の情報を調査した結果、以下の情報が判明している。

① 焼き菓子の生産能力は、1時間あたり200個である。

② 焼き菓子の直接材料費（小麦粉など）は、1個あたり20円である。

③ 焼き菓子を製造するため、直接作業者1名を1時間あたり2,000円で雇用する。

④ 当社工場では、工場全体の費用である製造間接費を、直接作業時間を基準として各製品に配賦する。1時間あたりの配賦額は、水道光熱費などの変動費が400円、建物や既存設備の使用による減価償却費などの固定費が600円である。

⑤ 焼き菓子を製造するために、小規模な製造設備を月次契約でレンタルする。1ヵ月あたりの設備レンタル料は、120,000円である。

⑥ 焼き菓子を自社製品に変更することで、飲料の価格は変更しない。

⑦ 工場の遊休生産能力は120時間である。

このような条件のもとで、洋菓子事業部の米谷可介事業部長が次の2つの課題に直面した場合に、どのような意思決定をすべきだろうか。

[経営課題1]

令和堂は、焼き菓子の外部購入を継続するべきだろうか。それとも、自社製造を開始すべきだろうか。さらに、外部購入よりも自社製造が経済的に有利になる生産量は、1ヵ月に何個以上、あるいは何個以下だろうか。なお、自社製造を開始すると、六甲台製菓との関係は解消される。そのため、令和堂は六甲台製菓から、必要量の一部の焼き菓子を仕入れることはできない。

[経営課題2]

焼き菓子の自社製造を開始して1年後に、顧客企業の鶴甲ファームと深江パーラーから、焼き菓子を一括購入したいと打診された。鶴甲ファームの注文条件は、1個あたり34円で3,000個、深江パーラーの注文条件は1個あたり36円で2,000個であった。ただし、この注文は1回限りであり、しかも一部だけを引き受けることはできない。また、令和堂は両社の注文にかかわらず、焼き菓子20,000個を自社のレストランに提供することを最優先しなければならない。この場合に、鶴甲ファームと深江パーラーから提示された注文を引き受けるべきだろうか。

3 焼き菓子の自製と購入

❖ 経営課題の整理

　まず、前節で提示された2つの経営課題を整理しよう。第1の経営課題は、焼き菓子を外部購入から自社製造に切り替えを行うべきか否かである。この課題を解決するための基準は、外部購入と自社製造の差額原価にもとづく経済性である。このように、選択肢を自社製造と外部購入という2つに絞って、しかも、判断基準を差額原価に限定することで、差額原価収益分析を用いて意思決定を行うことが可能になる。もし、経営課題の前提条件があいまいな場合には、差額原価収益分析を適用できないため、その経営課題は経済的な観点からは解決できないだろう。

　第2の経営課題は、鶴甲ファームと深江パーラーという、顧客企業2社からの注文を受けるか否かである。ただし、代替案は、次の4通りが考えられる。1つめの代替案は、両社の注文を受けることである。2つめの代替案は、鶴甲ファームだけを受注することである。3つめの代替案は、深江パーラーだけを受注することである。最後の選択肢は、両方の注文を断ることである。この意思決定を行うためには、次の2点を検討する必要がある。まず、そもそも2つの代替案を同時に採用することは、本当に可能だろうか。次に、それぞれの代替案を採用することによって、令

和堂にとっての利益はどれだけ増加するのだろうか。これらの点について、前提条件を確認して、さらに、それぞれの代替案に対して差額原価収益分析を行う必要がある。

❖❖ 差額原価収益分析の考え方

差額原価収益分析では、差額原価、差額収益、および埋没原価という用語が用いられる。差額原価とは、それぞれの代替案の間で発生額が異なるような、将来に発生する原価を意味している。その一方で、それぞれの代替案の間で発生額が異なる収益は、差額収益と呼ばれる。

これらの差額収益から差額原価を差し引くことで、差額利益が計算される。そのため、代替案の間で差額原価も差額収益も異なる場合には、差額利益を比較することによって、それぞれの代替案の優劣を判断することができる。

その一方で、意思決定によって影響を受けない原価は埋没原価と呼ばれており、差額原価収益分析の対象から取り除かれる。埋没原価の特徴として、以下の3つが知られている。まず、過去に支出済みの原価は、これから行う意思決定で金額が変化しないため埋没原価である。次に、将来の支出であっても、過去の意思決定によって支出額が確定している場合は、現在の意思決定による影響を受けないため埋没原価である。さらに、過去の意思決定によって支出額が確定していない将来の支出でも、いま検討中の代替案の間で支出額が同じ場合には、やはり埋没原価として位置付けられる。

具体的な状況として、自宅から離れたスタジアムにスポーツ観戦に行く場合の費用を考えてみよう。これからスタジアムの移動方法を、鉄道と自動車など複数の交通手段から選ぶのであれば、それぞれの交通費は差額原価として位置付けられる。その一方で、観戦チケットをすでに予約している場合には、移動手段にかかわらずチケット代金はすでに確定している。したがって、チケット代金は埋没原価である。

❖❖ 自製と購入の差額原価分析

ここではまず、差額原価分析を用いて経営課題1の意思決定を検討する。これまでと同じように、外部の製造業者から焼き菓子を購入する場合には、外部購入価格をもとに差額原価が計算される。この場合には、以下のように、1個あたりの価格

に購入量を掛け算することで、差額原価が計算される。

外部購入の差額原価＝価格40円×購入量20,000個
　　　　　　　　　＝800,000円

　自社製造する場合の差額原価の計算は、複数の項目を検討する必要があるため、やや複雑である。そこで、以下の手順に従って整理すると、理解が容易になることが多い。

　まず、さまざまな費用を、材料費、労務費、製造間接費に分類する。次に、それぞれの費用が、製品の生産量の増加に比例して増えるかという観点から分類する。生産量に比例して増加する原価は変動費と呼ばれる。その一方で、生産量にかかわらず、一定額が発生する費用は固定費である。

　最初に、材料費を検討する。第2節で収集された情報より、直接材料費（1個20円）が、変動費に該当することがわかる。

　次に、労務費を検討する。臨時雇用された従業員の賃金は時間あたり2,000円であり、焼き菓子は1時間で200個製造できる。したがって、1個あたりの直接労務費（変動費）は、時間あたりの賃金（2,000円）を時間当たりの生産量（200個）で割ることで計算できる。

1個あたり直接労務費＝1時間あたり賃金2,000円÷生産量200個
　　　　　　　　　　＝10円

　第3に、製造間接費の変動費（変動製造間接費）を検討する。第2節で収集された情報をもとに、直接労務費と同様に、1個あたりの変動製造間接費を計算することができる。ただし、製造間接費の固定費（固定製造間接費）は既に支出が確定しているため、意思決定による影響を受けない。そのため、固定製造間接費は、埋没原価として今回の差額原価収益分析から取り除く必要がある。

1個あたり変動製造間接費＝1時間あたり変動製造間接費400円÷生産量200個
　　　　　　　　　　　　＝2円

　これらの直接材料費、直接労務費、変動製造間接費の1個あたりの金額をもとに、1個あたりの変動費の合計額を計算する。その結果として、1個あたり変動費の合計は32円であった。

1個あたり変動費合計＝1個あたり直接材料費20円＋1個あたり直接労務費10円＋1個あたり変動製造間接費2円
＝32円

　次に、自社製造に伴う固定費を検討する。今回の意思決定に伴って変化する固定費は、1ヵ月あたり120,000円の設備レンタル料のみである。したがって、焼き菓子の自社製造に伴う差額原価は、変動費が1個あたり32円、固定費が120,000円と整理できる。焼き菓子は1ヵ月につき20,000個必要であるため、自社製造に伴う差額原価は以下の通りである。

自社製造の差額原価＝
1個あたり変動費32円×生産量20,000個＋固定費120,000円＝760,000円

　最後に、月間で20,000個の焼き菓子を入手するための手段として、外部購入800,000円と自社製造760,000円の差額原価を比較する。その結果として、焼き菓子を自社製造することによって、1ヵ月に40,000円の原価節約が可能であることが明らかになった。したがって、経済性の観点からは、外部購入から自社製造に切り替えたほうが有利である。

第9章

❖ 優劣分岐点分析

　次に問題となるのは、自社製造のほうが有利になる条件である。前項で計算したとおり、焼き菓子の必要量が20,000個である場合には、外部購入よりも自社製造が有利である。ところが、焼き菓子の必要量がゼロ（不要）である場合には、外部購入が有利になる。その理由は、外部購入費用がゼロとなる一方で、自社製造では少なくとも固定費120,000円を支出する必要がある。その結果として、自社製造のほうが120,000円だけ支出額が大きくなってしまうのである。
　このような状況を整理するために、外部購入と自社製造で発生する変動費と固定費の全体像を比較して、自社製造のほうが有利な生産量の条件を分析する。複数の代替案の間で経済的な優劣が逆転する条件（優劣分岐点）を明らかにするための分析は、優劣分岐点分析と呼ばれる。
　図9−1で示されるように、外部購入で発生する原価はすべて変動費であり、1個購入するごとに合計が40円増加する。その一方で、自社製造で発生する原価は、

固定費と変動費の両方が含まれる。つまり、製造量にかかわらず固定費120,000円が発生して、さらに、1個製造するごとに変動費が32円発生する。

【図9‐1 優劣分岐点分析】

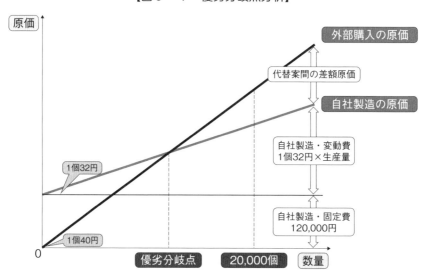

図9‐1を見ると、外部購入による原価直線と、自社製造による原価直線が、特定の数量で交差していることがわかる。この2つの原価直線が交差する数量が優劣分岐点である。

購入と自製の意思決定では、生産または購入のために支出するコストが少なくて済むような代替案が望ましい。グラフを見ると、生産量が優劣分岐点よりも少ない場合には、外部購入コストのほうが小さいため、自社製造を行うべきではない。その一方で、生産量が優劣分岐点よりも多い場合には、自社製造を行ったほうが経済的には望ましい。

なお、図9‐1は、第5章で学習した損益分岐点分析のグラフと同じように見えるかもしれない。その理由は、本章の条件では、外部購入の原価が変動費だけで構成されており、自社製造の原価が変動費と固定費に分けられているためである。ただし、常にこのような関係が当てはまるわけではない。場合によっては、両方の代替案の原価が、変動費と固定費に分けられることもある。この場合には、優劣分岐点分析のグラフの外観は、CVP分析の損益分岐点分析のグラフとは違ったものに

Column 9-1

自動車業界における自製と購入

　アメリカのフォードは、1910年代に移動式組立ラインを導入して、自動車の大量生産を実現させた。当時のフォードでは、自社工場１ヵ所だけで、製鉄から完成車の組立まで遂行していたといわれている。このように、フォードは、自動車生産の上流から下流までのプロセスにおける、自社製造の割合（垂直統合度）を高めることによって、生産性を向上させようとした。

　ところが、1980年代に高い競争力が注目された日本の自動車組立メーカーでは、多くの取引先から購入した部品を組み立てることで原価低減を実現していた。つまり、市場取引の優位性を活用しながら、企業間のコストマネジメントを巧みに行うことによって、機能と品質を高めながらコスト低減を達成したといえるのである。この後の章で学習するJIT生産システム（第11章）や原価企画におけるサプライヤー管理（第13章）も、企業間コストマネジメントで利用される。

　近年の自動車産業では、企業活動のグローバル化、および技術の複雑化を背景として、企業間の提携が活発に行われるようになった。たとえば、トヨタ自動車の有価証券報告書（2018年３月期）では、マツダとの間で電気自動車の共同技術開発およびアメリカの完成車の生産に関する合弁事業などの業務提携を締結するとともに、スズキとはインド市場向けの電気自動車の投入に関する覚え書きを締結したことが報告されている。

第9章

なるだろう。

　優劣分岐点を計算によって求めよう。購入・生産の数量がゼロである場合には、自社製造が120,000円だけ不利である。しかし、差額原価の変動費に注目すると、自社製造の１個あたり変動費は32円であり、外部購入の１個あたり変動費は40円である。

　外部購入と自社製造の間で変動費の差額を計算すると、自社製造が１個あたり８円有利である。したがって、生産量が１個増えるごとに、外部購入と自社製造の差額原価は８円縮小して、優劣分岐点において差額がゼロになる。さらに優劣分岐点を超えた場合には、生産量が１個増えるごとに、自社製造の優位性が８円拡大する。

　そのため、固定費の差額原価120,000円を、１個あたりの変動費の差額原価８円で割った数量、つまり15,000個が優劣分岐点である。なお、優劣分岐点では代替案の間の差額原価がゼロになるため、どちらかの代替案が有利であるとはいえない。

119

したがって、外部購入が有利な条件は14,999個以下であり、自社製造が有利な条件は15,001個以上である。なお、自社製造の遊休生産能力は120時間であり、1時間の生産量は200個であるため、最大生産能力は24,000個である。その結果として、焼き菓子の生産量が月間15,001個以上かつ24,000個以下である場合には、経済的な観点からは、自社製造が望ましい。

4 受注可否の意思決定

❖ 生産能力と機会原価

　2つ目の経営課題で示された、焼き菓子に対する受注可否の意思決定を考えてみよう。この段階では、すでに自社製造が開始した後であるため、自社製造にかかわる固定費は埋没原価として、差額原価収益分析の計算対象から除外される。したがって、経営課題2で分析対象となるのは、自社製造にかかわる変動費と、顧客企業の注文価格の差額である。

　鶴甲ファームからの注文価格は1個あたり34円、深江パーラーからの注文価格は1個あたり36円である。これらの注文価格は、受注時の差額収益として位置付けられる。その一方で、自社製造の変動費は1個あたり32円であり、この金額が変動費の差額原価である。

　差額収益から差額変動費を差し引くと、差額貢献利益を計算することができる。1個あたりの差額貢献利益は、鶴甲ファームが2円、深江パーラーが4円であるため、いずれの受注でも差額貢献利益の増加が期待できる。それぞれを受注した場合における、差額貢献利益は、次のように計算される。

　　鶴甲ファームの受注による差額貢献利益＝1個あたり2円×3,000個
　　　　　　　　　　　　　　　　　　　　＝6,000円
　　深江パーラーの受注による差額貢献利益＝1個あたり4円×2,000個
　　　　　　　　　　　　　　　　　　　　＝8,000円

　前述のとおり、自社製造にかかわる固定費は、埋没原価として計算対象外である。したがって、生産能力に上限がない場合には、鶴甲ファームの受注により6,000円、

深江パーラーの受注により8,000円の差額利益が期待される。したがって、他の条件がなければ、両社の受注を引き受けるべきであろう。

　ところが、焼き菓子をレストラン向けに20,000個（100時間）生産した上で、鶴甲ファーム向けに3,000個（15時間）、深江パーラー向けに2,000個（10時間）生産すると、生産時間の合計が125時間となり、5時間だけ生産能力の上限を超過してしまう。レストラン向けの20,000個は最優先であるため、鶴甲ファームと深江パーラーの両方を受注することはできない。その結果、鶴甲ファームと深江パーラーの差額利益を比較して、どちらを受注するかを選択する必要がある。

　鶴甲ファームの差額利益と深江パーラーの差額利益を比較すると、深江パーラーのほうが2,000円大きい。したがって、深江パーラーの注文だけを引き受けることが、経済的に望ましいといえる。

❖ 機会原価

　前項で鶴甲ファームと深江パーラーの差額貢献利益を比較した結果、深江パーラーの注文だけを選択することが、与えられた条件下で最も経済性が高いことが明らかになった。ただし、これは鶴甲ファームの提案を受注することが無価値であったことを意味しているわけではない。たとえば、もし深江パーラーに加えて鶴甲ファームの注文も受けることが可能であれば、追加的に毎月6,000円の差額利益が発生していたはずである。

　このように、いくつかの代替案から特定の代替案を選択することによって、それ以外の代替案について失われてしまった利益獲得の機会を、採用した代替案において差額原価として認識したものが機会原価である。機会原価とは、資源の利用に関する意思決定において、特定の代替案を選択することで、別の代替案の利用可能性が減少したり失われたりする結果、犠牲となる最大の利益を原価として認識したものである。

　ただし、機会原価によって実際に現金が流出するわけではないことには、注意が必要である。その理由は、機会原価として計算された金額は、現実には選択しなかった代替案に基づいており、そのため、実際には現金の受け取りも支払いも存在しないからである。しかしながら、機会原価を認識することによって、意思決定者が特定の代替案を選択したことで、将来の利益獲得の機会を逃したことを金額として認識できることから、意思決定の影響を理解するために重要である。

第9章

意思決定の種類と機会原価

　機会原価が想定している「特定の代替案を選択することによって、それ以外の代替案で失われてしまった利益獲得の機会」は、どのようなタイプの意思決定で発生するのだろうか。意思決定の種類は、主に2つに分けられる。

　第1は、複数の代替案から1つだけを選択して、残りの案はすべて棄却されるような場合である。このような意思決定は、排他的な意思決定と呼ばれる。たとえば、昼休憩でレストランに入った場合を想像しよう。メニュー表にはさまざまな候補が並んでいるが、実際に食べる食事は1種類だけである。この場合には、昼食の選択は排他的な意思決定である。

　第2は、それぞれの代替案が相互に干渉することがないため、望ましい代替案を自由に選択できる場合である。このような例として、お菓子の「大人買い」をあげることができる。予算が許す限りは、好きなものを好きなだけ選択して食べられるからである。

　意思決定に際して代替案を選択しなければならないのは、排他的な意思決定の場合である。この場合、どのようにすれば、成果を最大化することができるのだろうか。

　排他的な意思決定の成果を最大化するためには、意思決定を制約している時間や資金などの希少資源を最大限に活用しなければならない。特定の代替案における機会原価を計算することによって、複数の代替案に共通する希少資源を活用した結果を比較することが可能になる。そのため、機会原価の計算は最良の選択を発見するための手段として位置付けられる。

5 おわりに

　管理会計情報は、従業員の業績管理だけではなく、管理者の意思決定の支援にも貢献することが可能である。そこで、本章では、意思決定を支援するための管理会計領域として、差額原価収益分析にもとづく業務的意思決定を学習した。

　差額原価収益分析の目的は、ある代替案を選択することが、他の代替案を選択する場合と比べて、どれほど経済的に有利かを明らかにすることである。そのため、

差額原価収益分析では、期間損益計算にもとづく会計的利益ではなく、将来の現金流入または現金流出に注目する。さらに、複数の代替案で共通して発生する埋没原価は分析から取り除かれて、将来の現金流入または現金流出の差額だけが分析対象になる。

　現実の意思決定では、必ずしも代替案の経済性だけが重視されるとは限らない。企業が長期的に発展するためには、たとえば、品質、ブランドイメージ、顧客関係、技術力などの非財務的な側面も重要なためである。したがって、長期的な観点にもとづいて、経済的には不利な代替案が選択される場合もある。

　しかし、企業組織が存続するためには、現金の流入を増やして、現金の無駄な支出を防ぐことが非常に重要である。そのため、たとえ経済的側面よりも重視すべき目的があったとしても、その目的のために、どれほどの現金が流入または流出しているのかを明らかにする必要がある。このような課題を解決するために、差額原価収益分析は、強力な支援ツールになるだろう。

? 考えてみよう

　本章第2節の情報⑤（113頁）の設備レンタル料を、1ヵ月あたり100,000円に変更した場合の優劣分岐点を計算しなさい。

第9章

次に読んで欲しい本

小沢　浩『詳解コストマネジメント』同文舘出版、2011年。

加登　豊編『インサイト管理会計』中央経済社、2008年

藤本隆宏『生産マネジメント入門〈1〉生産システム編』日本経済新聞社、2001年。

第 10 章

長期意思決定を支援する

1 はじめに

　企業の経営課題には、既存の製造設備や販売網を活用するだけでは解決できないものがある。その場合には、企業は多額の資金を支出して、設備、店舗、工場、あるいは他企業に投資することで、現在の事業構造を変える必要がある。こうした投資は多額の資金を要し、またその影響は長期に及ぶことから、投資による効果は長期的な視点から判断する必要がある。本章では、このような投資をともなう長期的な意思決定について学習する。

　第9章の業務的意思決定と同じように、長期的な投資意思決定も、①問題の認識、②代替案の探索、③代替案の評価、および④代替案の選択という意思決定プロセスに沿って実行される。さらに、意思決定の経済性を評価するために、会計的な利益ではなく現金の流入額に注目して、広い意味での利益とみなすことも業務的意思決定と同じである。

　しかし、投資意思決定で特別に検討が必要な点もある。特に問題となるのは、投資した資金を回収することが可能であるのか、そして、投資のための資金調達にともなうコスト（資本コスト）を賄うことができる収益を上げることができるのかである。

　もし投資を失敗することで、資金提供者にリターンを提供することができない場合には、企業が存続の危機に陥る可能性がある。このような事態を避けるためには、長期にわたる投資意思決定を支援するための会計情報が必要である。そこで、本章では、投資意思決定における代替案の評価方法を中心に学習する。

2 令和堂の出店計画

　令和堂の洋菓子事業部では、新規出店のための投資を行うかどうかを検討している。出店の代替案として、駅前案と郊外案が検討されており、出店の立地によって、初期投資額と将来に期待される純現金流入額（Net Cash In Flow：正味キャッシュフロー）が異なる。ただし、資金調達上の制約から、両方に投資することはできない。

　洋菓子事業部の米谷可介事業部長は、初期投資額（表10‐1）と各年の純現金流入額（表10‐2）をもとに、駅前案と郊外案のどちらかを選択するか、あるいは両方を棄却しなければならない。そこで、米谷事業部長は、投下資本利益率、回収期間、および正味現在価値をもとに、投資の意思決定を行うことを検討している。

　駅前案と郊外案ともに、現金は各年度の年度末に流入する。そして、いずれの案でも投資の4年後の残存価値はゼロである。投資にかかわる資本コスト率は10%であり、割引計算では現価係数を利用する（表10‐3）。ただし、各年の純現金流入額が一定の場合には年金現価係数を利用する。なお、税金の影響は考慮しない。

【表10‐1　初期投資額】

駅前案	89,000（千円）
郊外案	60,000（千円）

【表10‐2　各年の純現金流入額】

（単位：千円）

	1年後	2年後	3年後	4年後
駅前案	+20,000	+20,000	+40,000	+40,000
郊外案	+20,000	+20,000	+20,000	+20,000

注：（＋）記号は現金流入、（−）記号は現金流出を示している。

【表10‐3　現価係数と年金現価係数（割引率10%）】

	1年後	2年後	3年後	4年後
現価係数	0.9091	0.8264	0.7513	0.6830
年金現価係数	0.9091	1.7355	2.4869	3.1699

3 利益率と回収期間による意思決定

❖ 投資の評価方法

　投資とは、将来に現金が流入することを期待して、事業、工場、店舗、設備、証

券などに資金を投下することである。そこで、経営者や事業部長として、投資とその効果を予測し、評価することが重要になる。

　投資は、将来の現金流入額としての利益を期待して実行される。そのため、投資によって、どれほどの利益を獲得できるかという点は、投資を判断するための重要な情報である。ただし、投資意思決定を行うためには、利益の情報だけでは十分ではない。投資に対する利益の比率を計算することで、投資効率がどの程度かを知る必要がある。したがって、第7章で学習した投資センターとしての事業部業績評価と同じように、投下資本利益率（ROI）が評価基準としてあげられる。

　投資を評価するためには、投資した資金の回収がいつ完了して、その後の利益を獲得できるようになるのか、という情報も重要である。投資のために支出された資金には、自己資本に加えて、投資家や銀行などによって提供された社債や長期借入金などが含まれる。そのため、投資額の回収が長引くと企業の財務状況が悪化し、企業の存続に深刻な影響が発生するかもしれない。このような状況を回避するためには、意思決定の段階で投資の回収期間を把握し、早期の回収を心がけることが必要である。

　さらに、企業が投資のために調達した資金に対して、利息などの資本コストが発生していることに注目することも重要である。このような観点からの投資の代替案を評価するために、投資によって将来に獲得される現金流入額を現在価値に割り引いて、投資の正味現在価値（Net Present Value；NPV）を計算する方法もある。

　現実の投資意思決定では、投資案の経済性に加えて、戦略的な目的が考慮される場合がある。しかし、投資に必要な資金は、株式の発行や銀行からの借り入れによって調達されたものである。そのため、企業は、調達した資金に対して利息を支払い、あるいは利益を上げるという形で、投資家や銀行にリターンを提供する必要がある。したがって、投資における経済性の評価は重要である。

❖ 投下資本利益率法

　投下資本利益率とは、投資による現金の獲得が、どれほど効率的かを示す指標である。なお、本章の計算は他の章と違って、会計的利益ではなく純現金流入額を利用している点に注意してほしい。

　投下資本利益率を計算するためには、まず、各年度の純現金流入額の合計から投資額を引いて、期間全体の純現金流入額を計算する。次に、期間全体の純現金流入額を投資年数で割ることで、純現金流入額の年間平均を計算する。最後に、純現金流入額の年間平均を投資額で割り算して、投下資本利益率が計算される。

$$投下資本利益率（ROI）＝\frac{（各年度の純現金流入の合計－投資額）÷投資年数}{投資額}$$

　投下資本利益率は、計算結果の数値が大きいほど、収益性の高い投資が行われていることを意味している。それでは、駅前案と郊外案の投下資本利益率を計算してみよう。

$$駅前案のROI＝\frac{（20,000千円＋20,000千円＋40,000千円＋40,000千円－投資額89,000千円）÷投資年数4年}{投資額89,000千円}$$

$$＝8.71\%$$

　その一方で、郊外案では年間の純現金流入額が毎年一定であることが、駅前案とは違っている。現金流入額（または流出額）が毎年一定の場合に、この一定額は年価と呼ばれる。そこで、年価を利用して、郊外案の投下資本利益率を計算しよう。

$$郊外案のROI＝\frac{（年価20,000千円×4年－投資額60,000千円）÷投資年数4年}{投資額60,000千円}$$

$$＝8.33\%$$

第10章

投下資本利益率の計算結果を比較すると、駅前案が8.71％であるため、郊外案の8.33％よりも収益性が高いことが明らかになった。したがって、投下資本利益率の観点からは、駅前案が採択されることになる。

❖❖ 回収期間法

回収期間法とは、投資の回収期間を計算することによって、回収期間の短い代替案が何かを知るための方法である。さらに、投資の可否を判断するために、回収期間の基準を事前に設定している場合もある。この場合の基準は、回収期間が基準を超える代替案を、一律で不採用にするために利用される。

回収期間を知るためには、純現金流入額の累計を年度ごとに計算する必要がある。そこで新規出店の２案について、表10‐4を参照しながら回収期間法を用いて検討する。

【表10‐4　純現金流入額の累計】

（単位：千円）

	１年後	２年後	３年後	４年後
駅前案	+20,000	+40,000	+80,000	+120,000
郊外案	+20,000	+40,000	+60,000	+80,000

まず、駅前案を検討する。駅前案では、３年後の純現金流入額の累計が80,000千円である。そのため、初期投資額89,000千円に対して、9,000千円の未回収額が残されている。この未回収額9,000千円を４年度の現金流入額40,000千円で割り算すると0.225になる。このことから、駅前案では、３年に加えて0.225年が経過した時点で投資が回収されると考えられるため、駅前案の回収期間は3.225年である。

その一方で、郊外案では、第３年度末までの現金流入額の累計60,000千円と投資額が等しいことがわかる。したがって、郊外案の回収期間は、ちょうど３年である。

回収期間法の観点からは、事業ができるだけ早く、初期投資額に相当する現金を生み出すことが望ましい。今回の計算結果より、駅前案の回収期間は3.225年、郊外案の回収期間は３年であるため、郊外案が望ましいと考えられる。

4 正味現在価値による意思決定

❖ 割引計算とは何か

　ここまで説明した投下資本利益率法と回収期間法では、将来の現金流入額と現在の現金流入額で１円あたりの価値が同じであることを仮定していた。しかし、たとえば現在の100万円と将来の100万円の価値が同じであるとは限らない。なぜなら、現在の100万円を何かに運用すれば、１年後には100万円以上のものを得られる可能性があるからである。

　こうした資金の時間価値を考慮するために、将来の現金流入額を現在価値に割り引く方法がとられる。このような投資意思決定の方法を正味現在価値法と呼ぶ。正味現在価値法では、将来の純現金流入額に対して、年度ごとに現在価値を計算して、その合計から初期投資額を差し引いて、投資案の正味現在価値を計算する。正味現在価値法の計算式は、次のように表現される。

　　正味現在価値＝各年の純現金流入額の現在価値の合計－初期投資額

　正味現在価値がプラスの投資案は、投資家や銀行に対する資金調達のコスト（資本コスト）を支払っても企業に利益が残り、投資しない場合よりも現金が増えることを意味している。そのため、投資案を実行することが望ましい。

　その一方で、投資案の正味現在価値がマイナスになる場合は、その投資を実行しても、投資家や銀行に対する資本コストを上回る価値を生み出すことができない。そのため、投資案を棄却したほうが経済的に良いといえる。

　投資案の正味現在価値を計算するためには、将来に受け取る現金流入額を、どのようにして現在の価値で評価するのかが問題になる。この正味現在価値の計算には、①割引率と、②時間が重要な要素となる。

　そこで、いますぐに現金10,000円を受け取って、銀行に預金する場合を考えよう。銀行に預金すると１年後には利息が加算されるため、１年後の預金残高は10,000円よりも多いはずである。たとえば、銀行預金の利子率を10％とすると、１年後の10,000円の価値は、10,000円と利子1,000円（＝10,000円×10％）

加重平均資本コスト率

　正味現在価値法では、資本コスト率が割引率としてよく利用される。企業が店舗や設備に投資するための資金は、投資家や銀行などの資金提供者から調達したものである。投資家や銀行は、企業に対して株式投資や資金の貸付といった広い意味での投資を行うことで、利息や配当などのリターンを期待している。したがって、企業は、利息や配当の支払いなどを通じて、調達資金に対して資本コストを支払う必要があるといえる。

　資金提供者が期待するリターンは、それぞれの企業に固有の投資リスク（投資結果の不確実性）によって異なる。さらに、同じ企業に投資する場合でも、投資方法が株式購入と貸付のいずれかによって、投資リスクが異なる。一般には、株式投資は投資リスクが大きいため多くのリターンが必要である。その一方で、貸付は投資リスクが比較的小さいため、要求されるリターンも比較的少ない。この点を企業側から見れば、自己資本の資本コスト率は高く、負債の資本コスト率は低いことになる。

　このように、企業が負債と自己資本という２つの調達方法によって資金調達しており、しかもそれぞれの資本コスト率が異なる場合に、企業全体の資本コスト率を計算するためには、負債と自己資本の資本コスト率に対して、負債と自己資本の構成比をそれぞれ掛け算することによって加重平均を算出する必要がある。このようにして計算された資本コスト率は、加重平均資本コスト率（Weighted Average Cost of Capital；WACC）と呼ばれる。

を合計した11,000円である。この計算は、次の計算式でも表現される。

　　１年後の将来価値＝現在価値10,000円×（１＋利子率0.1）
　　　　　　　　　　　＝11,000円

　次に、２年後の状況を考えてみよう。２年後の預金残高は、１年後の残高に複利計算が適用されて、預金の金額がさらに増える。つまり、１年後の預金残高11,000円に、利子1,100円（＝11,000円×10％）を加えた12,100円になる。なお、２年後の銀行預金の将来価値は、現在価値に［１＋利子率］を２回掛け算することでも計算できる。

　　２年後の将来価値＝現在価値10,000円×（１＋利子率0.1)^2
　　　　　　　　　　＝12,100円

　この式を一般化してみよう。時間の２年後を t 年後、現在価値10,000円を P 円、利子率0.1を r 、さらに、将来価値12,100円をF_t円に置き換える。その結果として、利子率（ r ）のもとで、現在価値（P 円）の t 年後の将来価値（F_t円）は、次のような計算式で計算することができる。

　　$F_t = P × (1 + r)^t$

　なお、このような一般化された計算式をすぐに理解することが難しい場合には、しばらく理解を保留して、次の節に進んでも良い。ここで重要なことは、一般化された式で示される文字の間の関係は、数値を置き換えても当てはまることである。
　それでは、ここまでの関係を逆に考えて、将来の10,000円を現在価値で評価しよう。ここからは、銀行に預金するという状況以外も想定するため、利子率ではなく割引率という言葉を使用する。ただし、計算上の使い方は同じである。
　１年後に受け取る10,000円の現在価値は、割引率を10％とすると、10,000円を［１＋割引率0.1］で割り算することで、約9,091円と計算できる。さらに、２年後に受け取る10,000円の現在価値は、10,000円を［１＋割引率0.1］の２乗で割った（つまり２回割り算した）、約8,264円である。

　　１年後に受け取る10,000円の現在価値＝１年後の将来価値10,000円÷（１＋割引率0.1)
　　　　　　　　　　　　　　　　　　　　＝約9,091円

　　２年後に受け取る10,000円の現在価値＝２年後の将来価値10,000円÷(1＋割引率0.1)^2
　　　　　　　　　　　　　　　　　　　　＝約8,264円

　そこで、将来価値を現在価値に割り引くための計算についても、文字に置き換えて一般化しよう。割引率0.1を r 、２年後を t 年後、将来に受け取る価値10,000円をF_t円とすれば、現在価値 P 円は、次のような式で表現できる。

$$P = \frac{F_t}{(1 + r)^t}$$

第10章

❖ 現価係数による現在価値の計算

　将来の現金流入額を現在価値に割り引くために、現価係数および年金現価係数が使われることがある。表10‑3では、現価係数と年金現価係数のそれぞれを、小数点以下第4位まで示している。

　現価係数とは、将来の1円を現在価値に割り引くと何円であるのかについての計算結果として考えることができる。たとえば表10‑3では、割引率10％における1年後の現価係数が0.9091である。これは、1を［1＋割引率0.1］で割り算した数値であり、割引率が10％の場合に1年後に受け取る（あるいは支払う）1円の現在価値が、約0.9091円であることを意味している。したがって、1年後に受け取る10,000円の現在価値は、10,000円に現価係数0.9091を掛け算することでも計算できる。

　それでは、現価係数を利用して、駅前案の正味現在価値を計算しよう。まず、初期投資額89,000千円は、現在の時点で支出されるため、割引計算は行われない。

　次に、将来の各年度に期待される現金流入額に、それぞれの年度の現価係数を掛けて、割引後の現在価値を計算する。これらの計算結果は以下のようになる。

　　1年後：純現金流入額（＋）20,000千円×1年後の現価係数0.9091
　　　　　　＝（＋）18,182千円
　　2年後：純現金流入額（＋）20,000千円×2年後の現価係数0.8264
　　　　　　＝（＋）16,528千円
　　3年後：純現金流入額（＋）40,000千円×3年後の現価係数0.7513
　　　　　　＝（＋）30,052千円
　　4年後：純現金流入額（＋）40,000千円×4年後の現価係数0.6830
　　　　　　＝（＋）27,320千円

　これらの数値を合計した92,082千円が、各年度の純現金流入額の現在価値の合計である。なお、初期投資額と各年度の純現金流入額の現在価値は、表10‑6のようにまとめられる。

Column10-2

現価係数表

　将来の現金流入額を現在価値に割り引く場合には、①割引率と、②時間によって影響を受ける。この関係を、現価係数表を利用して確認する。

　表10－5の現価係数表では、縦の列が割引率（％）、横の行が時間（年）である。たとえば、割引率1％の場合の1年後の現価係数は、0.9901と表示されている。これは、1を［1+0.01］で割り算した結果である。

　それでは、割引率1％で1年後の現価係数0.9901から、視線を少しずつ下に移してみよう。時間が長期化するにつれて現価係数は徐々に小さくなって、10年後の現価係数は0.9053であることがわかる。つまり、1％の割引率であっても、10年後の価値を現在に割り引く場合には、9％以上減少するのである。

　今度は、割引率1％で1年後の現価係数0.9901から、視線を右に移してみよう。ここでも、割引率の増加とともに現価係数は徐々に小さくなって、割引率10％における1年後の現価係数は0.9091である。したがって、割引率が10％の場合に1年後の価値を割り引くと、9％以上小さくなることが明らかになる。

　本書では説明を割愛するが、割引計算における時間と割引率の関係は、年金現価係数でも当てはまる。この点も、年金現価係数表で確認してほしい。

【表10－5　現価係数表】

割引率\時間	1%	2%	3%	4%	5%	6%	7%	8%	9%	10%
1年	0.9901	0.9804	0.9709	0.9615	0.9524	0.9434	0.9346	0.9259	0.9174	0.9091
2年	0.9803	0.9612	0.9426	0.9246	0.9070	0.8900	0.8734	0.8573	0.8417	0.8264
3年	0.9706	0.9423	0.9151	0.8890	0.8638	0.8396	0.8163	0.7938	0.7722	0.7513
4年	0.9610	0.9238	0.8885	0.8548	0.8227	0.7921	0.7629	0.7350	0.7084	0.6830
5年	0.9515	0.9057	0.8626	0.8219	0.7835	0.7473	0.7130	0.6806	0.6499	0.6209
6年	0.9420	0.8880	0.8375	0.7903	0.7462	0.7050	0.6663	0.6302	0.5963	0.5645
7年	0.9327	0.8706	0.8131	0.7599	0.7107	0.6651	0.6227	0.5835	0.5470	0.5132
8年	0.9235	0.8535	0.7894	0.7307	0.6768	0.6274	0.5820	0.5403	0.5019	0.4665
9年	0.9143	0.8368	0.7664	0.7026	0.6446	0.5919	0.5439	0.5002	0.4604	0.4241
10年	0.9053	0.8203	0.7441	0.6756	0.6139	0.5584	0.5083	0.4632	0.4224	0.3855

第10章

【表10 - 6　駅前案の割引計算】

(単位：千円)

時　　間	現在	1 年後	2 年後	3 年後	4 年後
(現在価値に割引前) 年間の純現金流入額	−89,000	+20,000	+20,000	+40,000	+40,000
	割引なし	+20,000×0.9091	+20,000×0.8264	+40,000×0.7513	+40,000×0.6830
(現在価値に割引後) 年間の純現金流入額	−89,000	+18,182	+16,528	+30,052	+27,320

　以上の結果をもとに、純現金流入額の現在価値の合計から初期投資額を差し引くことで、正味現在価値が（＋）3,082千円として計算される。

　正味現在価値＝純現金流入額の現在価値の合計（1年目18,182千円＋2年目16,528千円＋3年目30,052千円＋4年目27,320千円）−初期投資89,000千円＝（＋）3,082千円

　したがって、駅前案では、各年度の純現金流入額を資本コストで割り引いた後で、初期投資額を差し引いたとしても、現在価値で3,082千円の現金が手元に残ることになる。したがって、駅前案に投資することは経済的に望ましい。

　最後に、以上の計算方法を一般化して示す。この場合には現価係数は使えないため、前項の最後に示した数式を少し修正して、各年度の純現金流入額を割引計算する。ここで、割引率を r 、時間を t 、t 年後に受け取る純現金流入額を F_t 円とするのは、前項の数式と同じである。ただし、現在価値Pは、t 年後の純現金流入額だけを対象にすることを強調するため P_t に置き換える。その結果、割引率 r のもとで t 年後に受け取った純現金流入額 F_t の現在価値 P_t は、次の数式で表現できる。

$$P_t = \frac{F_t}{(1+r)^t}$$

　すでに駅前案で計算した通り、各年度の純現金流入額に対する割引計算を1年後から4年後まで繰り返して合計した後で、最後に初期投資額89,000千円を差し引くことで、正味現在価値が計算される。したがって、正味現在価値（NPV）は、年度ごとの割引計算を、1年後からn年後まで繰り返して、それらの計算結果を合計した後で、最後に投資額 I 円を差し引きする。したがって、次の関係式で示される。

$$NPV = \sum_{t=1}^{n} P_t - I$$

$$= \sum_{t=1}^{n} \frac{F_t}{(1+r)^t} - I$$

❖ 年金現価係数による現在価値の計算

　次に郊外案の正味現在価値を計算しよう。郊外案でも、駅前案と同じように、各年度の純現金流入額に現価係数をかけて合計した後で、初期投資額を差し引くことによって、正味現在価値を計算することができる。

　ただし、郊外案では、各年度の純現金流入額が毎年同じである点が、駅前案と違っている。このように、将来に受け取る（または支払う）金額が毎年同じ場合に、この一定額は年価と呼ばれる。年価の考え方は、年金や保険、あるいはローンなど、金融に関係するさまざまな場面で実際に利用されている。

　各年度の純現金流入額が一定である場合には、年価に年金現価係数を掛け算することによって、少ない計算手順で現在価値を計算することができる。年価を利用した、純現金流入額の現在価値の合計は、以下のように計算できる。

　純現金流入額の現在価値の合計＝年価×年金現価係数

　年金現価係数とは、各年の現価係数の累計である。つまり、割引率10％における2年の年金現価係数は、1年後の現価係数と2年後の現価係数を合計したものである。この点を数式によって確認しよう。

　2年後の年金現価係数＝1年後の現価係数0.9091＋2年後の現価係数0.8264
　　　　　　　　　　　＝1.7355

　これと同様に、割引率10％における3年の年金現価係数は、現価係数の1年から3年を合計したものである。ただし、端数の処理が原因で、各年の現価係数の合計が年金現価係数と一致しない場合があることに注意してほしい。

　それでは、郊外案の正味現在価値を計算してみよう。まず、初期投資60,000千円については、割引計算を行わない。次に、4年間の純現金流入額の現在価値の合

第10章

137

計額は、年価と年金現価係数を利用して、次のように計算される。これらの計算結果をまとめたものが、表10‐7である。

純現金流入額の現在価値合計＝年価20,000千円×年金現価係数3.1699
＝63,398千円

【表10‐7　郊外案の割引計算】

（単位：千円）

時　　間	現在	1年後	2年後	3年後	4年後
（割引前）各年の純現金流入額	−60,000	+20,000	+20,000	+20,000	+20,000
（割引後）各年の純現金流入額	−60,000	+63,398			

割引なし

+20,000×3.1699

したがって、正味現在価値は（＋）3,398千円である。正味現在価値がプラスであるため、郊外案の投資は、割引計算を行ったとしても、プロジェクト全体で現金の増加をもたらすことが明らかになった。したがって、郊外案の投資は、経済的に支持される。

正味現在価値＝純現金流入額の現在価値合計63,398千円−初期投資60,000千円
＝（＋）3,398千円

正味現在価値法による計算結果を小括する。駅前案の正味現在価値は（＋）3,082千円であり、郊外案の正味現在価値は（＋）3,398千円であった。したがって、正味現在価値法の観点からは、いずれの投資案も経済的に支持される。

ただし、それぞれの正味現在価値を比べると、郊外案の正味現在価値は駅前案よりも314千円だけ大きい。したがって、どちらかの投資案しか選べない場合には、正味現在価値の大きい郊外案に投資するほうが望ましいことが判明した。

❖❖ 代替案の選択

洋菓子事業部の米谷事業部長は、新規出店の投資意思決定プロセスにおいて、駅前案と郊外案という2つの代替案に対する経済性を計算した。ところが、計算方法

によって代替案の評価結果が異なってしまい、米谷事業部長は、計算結果だけでは
どの代替案を選択するべきか判断できないことに気がついた。

　まず、投下資本利益率法による評価からは、駅前案が経済的に望ましいことが明
らかになった。その一方で、回収期間と正味現在価値という観点では、郊外案が支
持された。実際の企業活動でもこのような評価が分かれる場合がある。この場合に
は、それぞれの評価方法の計算結果だけでは判断することができず、経営者などの
意思決定者が、どの評価方法を重視するのかという点を決める必要がある。

　そこで、米谷事業部長は、それぞれの代替案の評価結果を栗原令子社長に説明し
て、最終的な判断を仰ぐことにした。令子社長は、郊外案の回収期間と正味現在価
値を重視するとともに、郊外地区の将来的な発展性という戦略的な判断を考慮して、
郊外に新規出店を行うことを決定した。

5 おわりに

　本章では、長期にわたる投資意思決定を支援するために、投資の代替案に対する
経済性評価の方法を学習した。意思決定を行うために、代替案の経済性を評価する
場合には、損益計算書上の利益概念によって投資の評価を行うのではなく、現金流
入額に基づいて評価する必要がある。

　まず現金流入額を用いて、投下資本利益率、回収期間、および正味現在価値に基
づいて、駅前案と郊外案という2つの新規投資の代替案を比較した。ただし、投資
意思決定にとって、代替案の経済性評価だけが重要であるとは限らない。現実の意
思決定では、代替案の経済性評価に加えて、経営戦略などの非財務的な要素が反映
される場合が多い。

　投資意思決定のための代替案の評価方法は、本書で取り上げた方法以外にも、内
部収益率法をはじめさまざまな方法が存在する。このような方法に関心を持つ読者
は、経営財務論を学習することで、さらに理解を深めることができるだろう。また、
経済性計算の仕組みを理解するためには、計算の前提条件が変化する場合に、計算
結果がどのように変わるのかについて考えることも重要である。

第10章

❓ 考えてみよう

　本章で示した駅前案と郊外案について、割引率が5%の場合の正味現在価値を計算して、どちらに投資すべきかを答えなさい。計算に際しては、表10-8を利用しなさい。

【表10-8　割引率5%の現価係数と年金現価係数】

	1年後	2年後	3年後	4年後
現価係数	0.9524	0.9070	0.8638	0.8227
年金現価係数	0.9524	1.8594	2.7232	3.5460

次に読んで欲しい本

砂川伸幸『コーポレートファイナンス入門（第2版）』日本経済新聞出版社、2017年。

加登 豊編『インサイト管理会計』中央経済社、2008年。

ブリーリー・R.、マイヤーズ・S.、アレン・F.（藤井眞理子、國枝繁樹監訳）『コーポレート・ファイナンス（第10版）』日経BP社、2014年。

第 **11** 章
生産を管理する

第11章

1 はじめに

　令和堂は工場で洋菓子・和菓子を生産し、店舗に輸送して販売している。工場の主な関心事は品質、コスト、納期（Quality, Cost, Delivery：QCD）である。つまり、高品質の製品を、低いコストで生産し、納期を守って納品することが求められる。そのために工場では日々、さまざまな改善活動が実施されている。こうした工場の取り組みを、会計はどのように支援し、評価するのだろうか。これが本章のテーマである。

　品質、コスト、納期はいずれも生産管理の主要テーマであり、会計とのつながりと言われてもピンとこない人もいるだろう。しかし、生産管理も企業経営の一環であり、経営資源を活用する以上、会計との関係を無視することはできない。たとえば、高品質を追求することは重要だが、どの程度のコストをかけてどの程度の品質を目指すのかという会計的観点は経営において重要である。コスト削減についても、費用対効果を考慮する必要がある。また納期の遵守のために生産に要する時間の短縮を図るが、それ自体が目的となってしまうと、会社全体について責任を持つ経営者と工場や工場を統括する生産部門の間で、意見の不一致が生じる可能性もある。したがって、品質、コスト、納期に焦点を当てた生産管理活動が利益にどのように貢献しているかを示す必要がある。本章ではこれらの点について理解を深めることを目指す。

2 令和堂の生産活動における問題

　令和堂では、販路拡大と人件費の増大に伴い、洋菓子製造に機械を導入して自動化を進めてきた。これによって、時間あたりの生産量は飛躍的に増大した。しかしその一方で、さまざまなムダが顕在化した。たとえば、機械の設定によって、ケーキに塗るクリームの量が多すぎたり、少なすぎたりする。このような問題が発生すると手作業でクリームを塗り直すか、もしくは不良品として廃棄することになる。

　あるいは、1つの機械で生クリームのケーキとチョコレートクリームのケーキを作っているが、2つ同時に作ることはできないので、需要に応じて生クリームケー

キを100個生産してからチョコレートケーキを80個生産するというように生産ス
ケジュールを作成している。この場合、生クリームケーキの生産終了後、機械を洗
浄してからチョコレートケーキを生産しなければいけない。このような、洗浄に要
する水や洗い流される材料など、直接製品の価値を高めるために使用されない工数
やその資源の無駄をいかに削減するのかも、生産における課題の１つである。また、
生産スケジュールの作成も、非常に重要な生産管理の問題である。生産計画は、需
要に応じて作成されるが、商品を購入できないお客さんがいないようにしようと思
うと、多めにケーキを作ることになる。しかし、売れ残ると廃棄しなければならな
い。また焼き菓子は保存ができるとはいえ、たくさん作ってしまうと、在庫の保管
に費用がかかる。

　茨城工場長の柏木彰はこれらの問題に取り組み、ムダを削減し、それがコスト削
減につながるよう、工場では日々改善に取り組んでいる。取り組みの成果は、工場
では歩留率や時間あたり生産量といった非財務指標で管理されているが、こうした
指標が向上することが、企業の利益にどのように貢献しているかと疑問に思い、前
任者からの引継書を確認してみることにした。

3 生産管理と会計

❖❖ 製品のライフサイクル

生産について考える前に、生産を含む製品のライフサイクルについて見てみよう。製品のライフサイクルとは、製品の一生涯を意味し、開発 → 設計 → 材料調達 → 生産 → 流通 → 販売 → 使用 → 廃棄（リサイクル）というサイクルをたどる。製造業の場合、このライフサイクルの中で最も多くのコストが発生するのが生産と生産に必要な材料調達の段階である。したがって、生産を会計を用いて管理することの重要性が想像できるだろう。しかし、第13章（原価企画）でも説明するように、調達や生産段階で発生するコストの多くの要因は、製品の設計段階で決まるといわれる（図13-1（170頁）参照）。設計図が出来上がると、製品の大きさ、使用する材料、生産方法が概ね決まるためである。

では、生産が始まると、設計段階で計画した通りに生産が進むのかというと、そうはならない場合も多い。設計段階で予想できなかったさまざまな問題が生産段階で発生するので、多くの企業はQC（Quality Control：品質管理）活動、TPM（Total Productive Maintenance：総合的設備管理）、JIT（Just in Time）などの生産管理手法を導入して、日々、生産段階で生じる問題の解決にあたっている。

❖❖ 生産段階で生じるムダ

生産段階で、どのようなムダが生じるのだろうか。上述の通り、令和堂ではスポンジの焼きムラが生じたり、スポンジへクリームを塗る工程でムラができたりする。このような問題が発生すると手作業でクリームを塗り直すか、もしくは不良品として廃棄することになる。クリームを塗り直して商品として販売できるのであれば問題ないと思う人もいるかもしれないが、これは機械で正確にクリームを塗ることができれば、本来は不要な作業である。この作業を行うことで、ケーキが完成するまでに要する時間は増加し、クリームを塗り直す作業を行うことで、追加の費用が発生する。

　機械は一旦稼働すると、設定条件に従って全く同じ製品を作り続けると思うかもしれないが、実際にはそうではない。たとえばスポンジを焼く工程を考えれば、外気の温度や湿度、小麦粉の乾燥の程度や水の温度などによってスポンジを製造する条件が変わる。あるいは、機械を用いて生産する上で必要と考えられる工程でも、製品の価値を高めないのであればムダとみなされる場合がある。たとえば、1つの機械で複数の製品を製造している場合、1つの製品の製造終了時に工程を洗浄する必要が生じる。そうすると、洗い流される材料や、洗浄に要する水など、直接製品の価値を高めるために使用されない工数やその資源のムダをいかに削減するのかも、生産における問題の1つである。また、新しい製品を作り始めるための材料の交換といった段取替えに要する時間や、機械が静止状態から正常に作動するまでのアイドリングにかかる時間なども、製品の価値を高めているわけではないという点でムダである。

　これらのムダは、体系的にTPMでは7大ロスと呼ばれる（故障、段取替え、刃具交換、立ち上がり、チョコ停、速度低下、不良）。TPMは生産設備に関わるムダを削減することに焦点を当てた手法である。設備の故障が発生すれば、生産に遅れが生じたり、不良品が発生する。段取替えとは、1つの設備で複数の製品を製造する際に、材料や設備の一部を交換することである。この作業時間は製造しているわけではないので、価値を生まないと考えられる。刃具交換もこれ自体が製品の価値を生み出すわけではない。また、時々機械の稼働が止まる事態（チョコ停）が起こったり、速度低下が発生すると、これ自体は故障とまでは言えないにしてもリードタイムの増加につながり、納期が守れなくなったり、生産効率は悪化する。

　またJIT生産システムは、必要なものを必要な時に必要な量だけ届けるという考え方を顧客への納品だけでなく、生産プロセス全体に適応した考え方であり、その観点から次の7つのムダを改善の対象としている。①つくりすぎのムダ、②手待ちのムダ、③運搬のムダ、④加工そのもののムダ、⑤在庫のムダ、⑥動作のムダ、⑦不良をつくるムダの7つのムダである。TPMとJIT生産システムの焦点の違いによって、ムダの概念に多少の違いはあるが、共通している部分も見られる。これらのロスやムダの概念を見ると、機械や作業者の行動に関わるムダを対象としたものと、在庫、不良の3つに主に分けることができる。これらのムダを削減するために、生産現場では日々、努力が行われている。

――― Column11-1 ―――

トヨタ生産システム

　日本企業が生み出し、世界に大きな影響を与えた生産管理手法の１つがトヨタ生産システムである。トヨタ自動車は自社のホームページでトヨタ生産方式について、異常が発生したら機械が直ちに停止して、不良品をつくらないという考え方（自働化）と、各工程が必要なものだけを、流れるように停滞なく生産する考え方（ジャスト・イン・タイム：JIT）により、よい製品だけをタイムリーに消費者へ届ける仕組みであると説明している。そしてこの自働化とJITをトヨタ生産方式における２つの柱と位置づけている。自働化とJITに見られるように、トヨタ生産システムの基本的な考え方は、「実労働時間に占める正味作業時間の比率」を高めることであると言われる。正味作業時間とは、ムダな作業や、部品を取りに行くとか梱包を解くといったムダではないが価値を生まない作業を除いた、真に製品の価値を高めるために必要な作業をいう。この正味作業時間の比率を高めることが生産現場の能力を高めることにつながる。

　こうした生産現場の活動は、会計では必ずしも正しく評価できない面もあるが、トヨタ自動車の生産管理が会計と全く切り離されているわけではない。工場での生産管理は、本社から見れば製品原価の管理である。トヨタ自動車の原価管理は、原価維持、原価改善、原価企画の３つのアプローチで構成されている。原価維持では、標準原価内で製品を製造することが求められる。しかし、コスト競争力を維持するためには標準を見直し、さらなるコスト削減に努める必要があり、サプライヤーを巻き込んだ原価改善が行われる。これは、中期経営計画から逆算した原価改善計画に基づきながら各部門に改善額を割り当て、その活動をモニターする取り組みである。また原価維持や原価改善のように、生産開始後の取り組みだけでなく、生産開始前の製品の企画段階で原価の作り込みが原価企画として行われている（第13章参照）。

❖ 生産改善の評価

　企業はこれらのロスやムダの削減に日々取り組んでいるが、その成果はどのように測定されているのだろうか。多くの場合、それは生産性（＝アウトプット／インプット）として非財務指標で表現される。たとえば、機械や作業者の行動のムダを削減することで、１つの製品を生産することに要する時間を削減することができる。

つまり、時間あたりの生産量の増大として成果を表したり、時間そのものをリードタイムとして測定している企業もあるだろう。また不良であれば不良率もしくは歩留りとして管理している企業が多い。このように、生産改善の成果を時間あたり生産量やリードタイム、歩留りとして測定しているということは、生産現場の目標にもこれらの指標が使われているということである。つまり、生産現場ではたとえばリードタイムについての目標があり、それが達成できるように改善活動を行う。

　しかし、利益責任を持つ事業部、もしくは企業全体の戦略の遂行という観点から見れば、生産現場で行われている改善活動が、利益にどの程度貢献しているのか、つまり、生産改善の効果を財務的に測定しようという動機が生まれる。また中期経営計画や短期利益計画の章で学習したように、全社目標や事業部目標は利益などの財務数値で表されることが一般的である。それに対して、生産現場ではリードタイムなどの非財務指標が用いられているとすると、生産現場で働く従業員は、自身の業務が戦略の遂行にどのように貢献しているか理解できず、このことが仕事に対するモチベーションの低下を招くかもしれない。そこで、生産改善の利益への影響について考えてみよう。

❖ 生産改善による利益への貢献を可視化

　まず、機械や作業者の行動のムダについて考えてみよう。機械の故障や段取替え、刃具交換、立ち上がりなどの時間の短縮を図ることによって、リードタイムは短くなり、時間あたりの生産量は増加する。機械の減価償却費は間接費として製品に配分されるので、生産量が増えれば、製品1個あたりに配分される減価償却費は下がるはずである（詳しくは次章を参照）。しかしここで問題となるのは、「生産量が増えれば」という点である。生産量は工場で決めることはできず、需要に応じて決まる。言い方を換えれば、注文が増えている時であれば、リードタイムが短縮したことで多くの製品を製造でき、その効果は製品原価の低下につながる。しかし、注文が増えなければ生産量を増やすことはできないので、機械や作業者の行動のムダを削減しても、その成果は財務数値には現れないことになる。不要な作業がなくなれば人件費は削減できると考えるかもしれない。しかし、たとえば0.7人分の作業を削減しても、人を雇っている以上、人件費は変わらないのである。

　もちろん、財務数値に現れないからといって効果がないわけではない。時間が空いた作業者を他部門に派遣したり、新たな改善活動の勉強会を開くといった学習の

時間に当てることは有効である。しかしその成果は、生産量が増加しない限り、財務上は表現されない、いわば未実現の効果なのである。

　JIT生産システムが重視する在庫についてはどうだろうか。在庫は単にその保管費用の問題としてだけではなく、在庫によって生産や購買、生産計画、流通などの問題が覆い隠されるとして、JIT生産システムでは在庫をムダと考えている。表11－1で示すように、在庫を削減できれば、棚卸資産回転率が向上する。しかし財務諸表への影響を見ると、在庫削減によって次期繰越製品が減少するため、次期繰越製品に配賦される製造間接費も減少する。したがって、当期の売上原価を構成する製品の製造原価に配賦される製造間接費が増大することで、短期的には利益が減少する。このように、生産改善の成果は、生産量が増えない限り、短期的には財務諸表に反映されないのである。

【表11－1　在庫と利益の関係】

項　　　目	単位/単価	現状	在庫減
生産数		10,000	9,000
売上数	個数	8,000	8,000
在庫数		2,000	1,000
損益計算書			（金額：円）
売上高	@400	3,200,000	3,200,000
売上原価		2,904,000	2,960,000
直接材料費	@200	1,600,000	1,600,000
変動製造間接費	@100	800,000	800,000
固定製造間接費	630,000	504,000	560,000
売上総利益		296,000	240,000
棚卸資産の評価			（金額：円）
次期繰越の製品製造原価		726,000	370,000
直接材料費	@200	400,000	200,000
変動製造間接費	@100	200,000	100,000
固定製造間接費		126,000	70,000
単価		363	370
棚卸資産回転率	回	4.41	8.65

Column11-2

サプライチェーンと管理会計

　自動車や家電製品を例にとるまでもなく、多くの製品は複数の企業で製造工程を分担する。たとえばスマートフォンのボディであれば、樹脂製造、成型、塗装、組み立てを別の会社が行う場合が見られる。それぞれの企業で改善活動を行うが、生産方法や使用材料は製品設計の段階でおおよそ決まっており、製品設計を行う企業の協力なしには、改善活動が行えない場合がある。このように、企業間で業務の委託が進んでいる現在では、一企業が実施できる改善活動には限界がある。抜本的に問題解決を図ろうとすれば、それは同じサプライチェーンを構成する他社と協働しなければ実現が難しい場合が多い。

　こうした問題に取り組むために、サプライチェーンにおけるものの流れと業務の相互依存性を明らかにすることが必要である。業務の委託が進むほど、サプライチェーンは複雑になり、サプライチェーン全体のものの流れや業務の相互依存性を把握することが難しくなる。特に購買を通じてのみ企業同士が繋がっている場合は、企業間で生産に関連する情報が共有されない。そうすると、1つひとつの企業で改善活動を実施しても、効果は限定的である。

　しかしながら、実際に異なる企業間で情報を共有するのは簡単ではない。なぜなら、そこには多くの場合、コスト情報が付随するからである。コスト情報を企業間で共有すると、より大きな権限を持つバイヤー企業が、取引価格の交渉において優位に立ち、サプライヤーは今まで以上に厳しいコスト削減要求に晒される可能性がある。こうした事態を避けるために、サプライヤーはバイヤーと情報を共有することを避けるかもしれない。そうすると、サプライチェーンにおいて情報は分断され、効率的な改善活動が難しくなる。このような問題を克服して、サプライチェーンを効率化するために管理会計はどのように貢献することができるかという課題は、近年の管理会計における非常に重要なテーマの1つである。

第11章

　最後に、不良品などの品質に関連するムダの削減の財務的影響について見てみよう。品質問題の財務的影響に対する考え方については、PAF法（prevention-appraisal-failure approach）が知られている（図11-1）。これは、予防コスト、評価コスト、内部失敗コスト、外部失敗コストの4つのカテゴリーで構成された品質コストを通じて、品質管理活動をコントロールしようとする手法である。予防コストとは品質上の欠陥の発生を早い段階で予防するための費用で、評価コストとは製品や材料の品質を検査することによって製品の品質レベルを維持するための費用

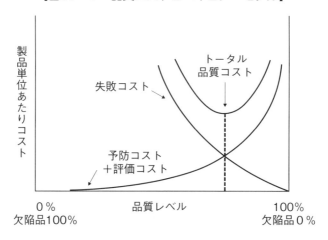

【図11‐1　品質コストビヘイビア・モデル】

製品単位あたりコスト

失敗コスト

トータル品質コスト

予防コスト＋評価コスト

0%
欠陥品100%

品質レベル

100%
欠陥品0%

である。これら２つは不良が発生しないように事前に対応するための費用であるの
に対して、品質問題が発生したことにより製品出荷前に処理するための費用である
内部失敗コストと製品出荷後に発生した品質問題によってリコールや苦情処理など
に要する費用が外部失敗コストである。前者の２つと後者の２つはトレードオフの
関係にあるため、予防コストと評価コストをある程度支出しながら、失敗コストが
小さくなるようにコントロールすることが目指される。品質コストの内の予防コス
トと評価コストは費用として損益計算書に計上されるものを抜き出したものである。
このコストだけを見ると、金額が大きいほうが良いのか小さいほうが良いのか判断
ができない。しかし、品質問題に付随して発生する可能性のある失敗コストの低減
を品質管理活動の効果とみなすことで、品質管理活動の費用対効果を明らかにしよ
うとしている。予防コストと評価コストは過去の品質管理活動からある程度正確に
見積もることが可能であるが、失敗コストについては、他社の品質不良に対する対
応などを参考にするしかない。こうした将来情報を用いることも、生産管理におい
ては必要である。

❖❖ 生産を会計で管理することの是非

　トヨタ自動車でJIT生産システムを構築した大野耐一氏は、既存の原価計算で工
場を評価することに対して抵抗したと言われる。それは、在庫の減少が利益の減少

につながるというように、生産改善の取り組みを会計が正しく評価できないことを念頭に置いたものであったという。また、JITを導入する企業の中には、在庫減少によって損益計算書上の利益が削減されることで、JITをやめる企業もあるという。生産改善の成果を財務的に明らかにすることは、経営者が工場を管理するという目的だけでなく、工場にとっても日々の改善活動の成果が企業全体にどの程度貢献しているのかを明らかにすることで仕事のモチベーションにもつながるだろう。しかし、既存の制度会計には生産改善活動の評価に限界があることもまた事実である。そこで、リードタイム短縮の効果を将来の売上増を考慮して評価したり、品質コストにおける失敗コストのように、制度会計では扱われない将来情報を用いて効果を見積もろうとしていた。これらの数値が不確実性を伴うことは避けられないが、経営管理という観点では、過去情報だけで費用対効果を評価することは難しく、適宜このような将来情報を使うことになる。また、本章の冒頭で述べたように、生産活動の管理指標として、非財務指標を使用している企業が多く存在することの理由の1つは、制度会計を用いて生産活動を評価することに限界があることと関係している。したがって、財務指標と非財務指標を組み合わせて、生産活動を管理する必要がある。

4 おわりに

　本章では、生産管理における主要な関心事である品質、コスト、納期に関する取り組みの対象となるムダについて説明し、そのムダを削減する活動の効果を財務的に評価する方法について見てきた。財務的な評価という点では、企業目標である利益への影響を直接的に表現することには限界があること、そしてその限界を克服するために、リードタイム短縮の効果を売上機会の増加との関係で評価しようとしたり、失敗コストという将来発生するかもしれないコストを考慮して計算する考え方がとられることを示した。つまり、財務的な評価を行う際、財務諸表に現れる過去情報に加えて将来情報を用いた評価が行われる。

　さらに、財務的な評価を用いて生産活動を評価することには、全社利益への貢献を示すという点で重要ではあるが、制度会計上の限界も見られ、また生産現場で働く人々の反発もあり、非財務指標が同時に使われていることを示した。ともすれば、生産活動は工場内だけで完結するように理解されがちであるが、戦略遂行のための

第11章

業務の1つであることを意識することが重要であり、そのためには財務的な評価が、会計上の問題があるにしても求められるだろう。その一方で、非財務指標を利用する場合には、それが経営にどのような影響を及ぼしうるのかについて、経営者がよく理解しておくことが重要である。

？ 考えてみよう

　生産改善に取り組んだ結果、時間あたり生産量が増大する一方で、受注が増えない場合、企業はどのように対処するのが良いだろうか？

次に読んで欲しい本

上總康行、長坂悦敬編著『ものづくり企業の管理会計』中央経済社、2016年。

河田　信、今井範行『ジャスト・イン・タイム経営入門―5Sから本社、会計、資本市場まで』中央経済社、2011年。

藤本隆宏『生産マネジメント入門Ⅰ・Ⅱ』日本経済新聞社、2001年。

第 12 章

製品原価を管理する

1 はじめに

カップケーキの製造業者は、カップケーキの材料にかかるお金（材料費）が、1個あたり30円であるとき、そのカップケーキを、材料費よりも少し高い40円で販売してよいであろうか。答えは、否であろう。なぜなら、カップケーキを製造するためには、材料だけでなく、オーブンや、調理器具、従業員などの経済的資源が必要であり、カップケーキの売上高（収益）で、これら経済的資源の消費額（原価）を回収しなければ、損をしてしまうからである。企業は、「モノの販売によって得られた収益」と「販売したモノの原価」の差額によって利益を得る。ここで、販売しようとするモノの原価を計算することが重要となる。それがわからない状態では、利益を確保するための販売価格が不明となり、計画的に利益を獲得するための道筋が描けないためである。

モノの原価は、商品売買業者の場合、モノ（商品）の仕入高となるため、比較的簡単に計算することができる。一方で、製造業者の場合、モノ（製品）を製造するために消費される経済的資源を把握したうえで、その消費額（製品原価）を計算しなければならない。さらに、計画的に利益を獲得するためには、また、利益を増加させるためには、製品原価を維持・改善することも求められるであろう。本章では、製品原価を計算する方法、その製品原価を維持・改善するための方法を、令和堂のカップケーキの事例を通じて学ぶ。

2 カップケーキの製造工場

本章の主役は、令和堂岡山工場の桃島公作工場長である。桃島工場長は、岡山工場で製造されるカップケーキの製品原価に責任を負っており、栗原令子社長から、目標とする利益を獲得できるように製品原価を管理するよう求められている。岡山工場では、プレーンカップケーキ（以下、プレーン）と、チョコチップカップケーキ（以下、チョコチップ）の2種類のカップケーキを、それぞれ1回あたり300個（1ロットと呼ぶ）をまとめて製造している。プレーンは、「生地作り → 焼き → 包装」という工程を経て、チョコチップは、「生地作り → チョコ投入 → 焼き

Column12-1

原価（コスト）

　原価とは、「ある計算対象について把握される経済的資源の消費を貨幣価値で表現したもの」である。原価の計算対象は、自動車や冷蔵庫といったモノだけではなく、医療や大学の講義といったサービスも含まれる。企業は、モノやサービスを提供することで得られる対価（収益）によって、原価を回収する。この関係は、損益計算書における売上高と売上原価の関係に表れている。売上原価は、販売したモノやサービスの仕入・製造原価であり、売上高と売上原価は、モノやサービスを媒介した関係にある。売上高から売上原価を差し引くことで計算される売上総利益は、モノやサービスの提供によって得られた収益から原価を回収して残った儲け分を意味し、粗利益とも呼ばれる。一方で、モノやサービスの販売に関わる原価（販売費）、経営管理活動に関わる原価（一般管理費）は、モノやサービスを媒介させず、期間で把握する。販売費及び一般管理費は、発生した期間の原価として計上し、それを売上総利益から差し引くことで営業利益が計算される。営業利益は、企業の主たる営業活動を源泉とした利益を意味する。

→ 包装」という工程を経て完成する。カップケーキの製造にあたって消費される経済的資源は、薄力粉、バター、卵などの生地作りに必要な材料、包装材、ミキサー、オーブン、工場建物、電気・水・ガス、調理器具、作業員、事務職員、工場長であり、チョコチップの場合、追加で、板チョコとチョコ粉砕機が必要となる。

第12章

3 製品原価を計算する

❖ 製品原価の計算原理

　カップケーキの製造業者である令和堂は、カップケーキを製造するための経済的資源の消費額（製品原価）がわからないと、利益を確保するための販売価格を設定することができず、計画的に利益を獲得するための道筋を描くことはできない。したがって、桃島工場長は、第一段階として、カップケーキの製品原価を計算しなければならない。製品原価は、「製品を製造するために消費された経済的資源を貨幣価値で表現したもの」であり、各カップケーキの製品原価を計算するためには、それぞれの製造プロセスで消費された経済的資源とその消費額を把握する必要がある。

　カップケーキの製造にあたって消費される経済的資源は２種類に分けられる。それは、各カップケーキ１ロット（300個）を作るための消費額がわかる経済的資源と、わからない経済的資源である。たとえば、生地作りに必要な材料や包装材、板チョコは、１ロットを作るための消費額を把握できる。各製造工程の作業員の労働力も、各カップケーキ１ロットの製造にどれだけ時間をかけていたかを管理していれば、消費額を把握できる。一方で、ミキサー、オーブン、工場建物、電気・水・ガス、調理器具、工場長や事務の労働力、チョコ粉砕機は、各カップケーキ１ロットを製造するための消費額がわからない。

　この分類は、製品原価を計算するための基礎となる。前者、すなわち、製品１単位あたりの経済的資源の消費額を直接的に認識できる原価を製造直接費、直接的に認識できない原価を製造間接費という。製造直接費は、各カップケーキ１ロットを製造するための消費額が明確であるため、それをカップケーキの製品原価とすればよい。一方で、製造間接費は、各カップケーキを製造するために消費された経済的資源ではあるが、１ロットあたりの消費額が不明であるため、どれだけを製品原価とすれば良いかがわからないという問題が残ってしまう。この問題を解決するために、何らかの基準に基づいて、みなし消費額を計算する方法があり、この手続きを配賦と呼ぶ。各カップケーキの製品原価のうち製造間接費相当額は、配賦によって、みなし消費額（配賦額）を求めることで計算できる。

❖ 各カップケーキの原価

　ここでは、前項で説明した製品原価の計算原理に従って、具体的に各カップケーキの原価の計算を試みる。表12−1は、岡山工場の1ヵ月分の生産データならびに原価データを集計し、上段に製造直接費を、下段に製造間接費をまとめたものである。

【表12−1　カップケーキの生産データと原価データ】

（単位：千円）

生産・原価データ	合計	プレーン （100ロット）	チョコチップ （60ロット）
製造直接費			
生地作りに必要な材料	1,411	891	520
包装材	160	100	60
生地・チョコ工程の作業員	2,110	1,110	1,000
焼き工程の作業員	1,269	669	600
包装工程の作業員	380	230	150
板チョコ	370		370
合計（製造直接費）	5,700	3,000	2,700
製造間接費			
ミキサー・オーブン	500	生産量（ロット）を基準に配賦 1ロットあたり30千円 （4,800千円÷160ロット）	
工場建物	1,300		
電気・水・ガス	1,300		
調理器具	100		
事務職員	800		
工場長	700		
チョコ粉砕機	100		
合計（製造間接費）	4,800	3,000	1,800

　製造直接費について、生地作りに必要な材料、包装材は、使用量をもとに消費額を、各工程に配属されている作業員の労働力は、作業時間をもとに消費額を把握している。また、板チョコの消費額は、チョコチップの製造のために消費される経済的資源であるため、チョコチップのみに計上している。結果、プレーン100ロット（30,000個）に関する製造直接費は3,000千円、チョコチップ60ロット

（18,000個）に関する製造直接費は2,700千円となった。

　製造間接費について、ミキサー、オーブン、工場建物、チョコ粉砕機は、1ヵ月分の減価償却費を消費額とし、調理器具は、当月の購入額を消費額とみなした。また、電気・水・ガス、事務職員、工場長は、支払額をもとに当月相当分に調整する手続きをとることで消費額を計算した。これらの合計額である製造間接費4,800千円は、各カップケーキを製造するために消費されているため、各カップケーキの製品原価を構成する。しかしながら、各カップケーキ1ロットあたりの消費量がわからないため、何らかの基準を設けて、みなし消費額（配賦額）を計算する必要がある。この配賦基準として、カップケーキの生産量を採用すれば、1ロットあたりの製造間接費30千円という配賦率を求めることができる。この配賦率をもとに、各カップケーキの配賦額を計算すると、プレーンが3,000千円（30千円×100ロット）、チョコチップが1,800千円（30千円×60ロット）となる。

　以上の計算から、プレーン100ロット（30,000個）の製品原価は6,000千円で、1個あたりの製品原価は200円となる。また、チョコチップ60ロット（18,000個）の製品原価は4,500千円で、1個あたりの製品原価は250円となる。これらの製品原価情報は、販売価格の設定の基礎となる。さらに、製品原価情報が明らかになることで、各カップケーキがもたらす利益（売上総利益）の計算も可能となる。たとえば、プレーンとチョコチップをそれぞれ1個あたり300円と350円で販売し、全部売れたときの、プレーンがもたらす売上総利益は、3,000千円（300円×30,000個−6,000千円）、チョコチップがもたらす売上総利益は、1,800千円（350円×18,000個−4,500千円）と計算できる。

❖ 製品原価の計算方法

　前項では製品原価の計算方法を簡略化した数値例で説明したが、実践においては、さまざまな製品が複雑な工程で製造されており、消費される経済的資源も多様である。したがって、その計算プロセスは単純ではない。ここでは、先の事例で説明できなかった論点で基本的な事項を概観する。製品原価は、①費目別原価計算 → ②部門別原価計算 → ③製品別原価計算という手続きを経て計算されるため、それぞれのプロセスごとに説明する。

　費目別原価計算は、消費された経済的資源の種類別に、材料費（物品）、労務費（労働力）、経費（その他）に原価要素を集計し、さらに、製造直接費と製造間接費

に分類するプロセスである。材料費、労務費、経費に集計することで、製品ごとの費目の消費高のバランスを理解することが可能となる。先の事例では、材料費は、生地作りに必要な材料、包装材、板チョコ、調理器具の消費額が、労務費は、工場長や各作業員、事務職員の労働力の消費額が、経費は、ミキサー、オーブン、工場建物、チョコ粉砕機、電気・水・ガスの消費額が該当する。

　部門別原価計算は、原価要素を製造工程などの部門別に集計するプロセスである。製造間接費の部門への集計は、よりもっともらしい原価の計算に貢献する。前項の事例では、製造間接費を工場全体で集計し、生産量を基準にプレーンとチョコチップに配賦していたが、たとえば、チョコ粉砕機は、プレーンの製造にあたっては消費されないため、この計算方法には問題があるともいえる。そこで、「チョコ投入」工程に原価を集計し、その工程を利用したチョコチップのみに当該原価を負担させるという方法が考えられる。また、製造工程ごとに特性が異なる場合、たとえば、ある工程は作業員の手作業で、ある工程は機械を使って製造されている場合、みなし消費額（配賦額）を求めるための適切な基準（配賦基準）は、前者は作業時間、後者は機械運転時間といったように、それぞれの工程で異なるであろう。そこで、各製造工程に原価を集計し、工程ごとに適切な基準を設定することで、よりもっともらしい製品原価の計算が可能となる。

　部門別原価計算は、責任会計の観点からも意義がある。とある部門、たとえば、「焼き工程」に責任を負うマネジャーがいたとする。ここで自分の部門の原価、すなわち、「焼き工程」の原価が明らかになっている場合と、そうでない場合では、どちらのほうが原価に対してより意識が向けられるであろうか。答えは、明らかになっている場合であろう。各部門の原価がマネジャーの評価の対象になっていないとしても、自分が責任を有する部門の原価が明らかになるだけで、原価に対する意識が高まるのである。

第12章

　製品別原価計算は、原価要素を製品別に集計し、製品原価を算定するプロセスである。製品別原価計算は、その製品の特質により2つの方法に分かれる。1つは、顧客仕様の受注品の原価を計算するための個別原価計算、もう1つは、見込生産の規格品の原価を計算するための総合原価計算である。受注品の場合、企業は、顧客から注文を受け、注文に応じた製品の製造を開始する。そこで消費される経済的資源は、製品単位ごとに異なるのが通常である。消費される経済的資源が異なれば原価も異なるため、製品単位ごとに個別に原価を集計して製品原価を計算する必要がある。

一方で、規格品の場合、企業は、売れると見込み、同じ規格の製品を大量に製造する。この規格品で消費される経済的資源は、同じ規格品であれば同じである。したがって、受注品のように製品単位ごとに原価を集計して製品原価を計算する方法はとらず、通常１ヵ月という期間における製品別の原価総額（総合原価）を計算したうえで、製品単位ごとの原価を把握するという方法をとる。令和堂のカップケーキは規格品であるため、前項の事例も、１ヵ月という期間における各原価総額を把握していた。カップケーキの場合、１日の終わりに製造途中段階の未完成品（仕掛品）が存在することは稀で、すべてが完成品となることが通常であるため、総合原価を生産量で除することで製品１単位あたりの原価も計算できた。一方で、仕掛品が存在する場合、完成品１単位と仕掛品１単位では、経済的資源の消費額が異なるため、この差を反映させた計算をしなければならない。この問題は、加工進捗度（完成品を100％としたときに、どれだけの経済的資源が消費されているか）という概念を利用し、仕掛品の完成品換算量を求めることで、対処が可能となる。

4 製品原価を維持・改善する

❖ 原価作用因の把握

　桃島工場長は、計画的に利益を獲得するために、カップケーキの原価を維持すること、また、利益を増加させるために、カップケーキの原価を改善することも求められている。そこで、本節では、製品原価を維持するための方法と改善するための方法を紹介する。これらは、製品原価を管理するという議論である。何かを管理するためには、その対象についての理解が欠かせない。製品原価の管理も同様で、製品原価に影響を与える要因を知ることで、マネジメントの道が開ける。原価に影響を与える要因を原価作用因（コストドライバー）という。製品原価に影響を与える要因としては、各原価要素の価格や、作業能率（投入量あたりの産出量の割合）、生産設備、生産技術、製品や工程の設計などが挙げられる。製品の原価作用因を把握することが、製品原価の維持や改善の第一歩となる。

❖❖ 製品原価の維持

　ここでは、製品原価を維持するための方法として、製品の原価作用因のうち、作業能率に焦点を当てた方法を紹介する。作業能率とは、投入量あたりの産出量の割合を意味し、たとえば、投入材料１kgあたりの製品産出量として、30個/kgといったように表現される。作業能率を維持できれば、それに対応する製品原価を維持することが可能となるが、そのために、「標準」という概念を利用することは有用である。作業を標準化したうえで、製品１単位を製造するために標準となる原価（原価標準）を設定し、それが達成できたかどうか、結果と比較することで、製造現場における作業能率の維持と、製品原価の維持を図るのである。

　原価標準は、製品１単位あたりの経済的資源の消費額がわかる製造直接費の場合、過去のデータなどを参照にしながら設定できる。たとえば、１ロット300個のプレーンを製造するのに、生地作りに必要な材料が10kgで、その価格は800円/kgであることが標準といったように設定できる。労務費の標準も同様に、たとえば、包装工程の１ロットの作業時間は２時間、その時間あたり賃金は1,100円といったように設定できる。

　一方で、製品１単位あたりの経済的資源の消費額がわからない製造間接費の標準の設定には、工夫が必要である。配賦基準の予定量に対応する製造間接費の予算を求め、配賦基準１単位あたりの製造間接費（製造間接費標準配賦率）を計算し、それに、製品１単位あたりの配賦基準量を乗ずることで設定する。たとえば、カップケーキを年間2,000ロット製造する予定で、年間の作業時間が36,000時間、製造間接費予算が57,600千円のとき、製造間接費の標準配賦率は、１時間あたり1,600円（57,600千円÷36,000時間）と計算できる。そのため、製品１ロットの製造間接費の標準は、１ロットの作業が合計18時間のとき、28,800円（18時間×1,600円/時間）となる。

　このように設定された原価標準をまとめたものを標準原価カードという。表12‐2は、プレーンの標準原価カードの例であり、１ロット（300個）の原価標準が58,500円、１個あたり195円であることを示している。

標準原価カード　　　　　　　　　　　　　　　プレーン300個

直接材料費

生地	10kg	×	800円	=	8,000円
包装	300枚	×	3円	=	900円
計					8,900円

直接労務費

生地	10時間	×	1,200円	=	12,000円
焼き	6時間	×	1,100円	=	6,600円
包装	2時間	×	1,100円	=	2,200円
計					20,800円

製造間接費	18時間	×	1,600円	=	28,800円

合計　　　　　　　　　　　58,500円（195円/個）

　標準は、設定するだけでなく、実績（実際原価）と比較し、検証されることで力を持つ。これは、製品原価に責任を有している者にとって、「設定されるだけの標準」と「実際原価と比較される標準」のどちらに影響力があるかを考えれば明白なことであろう。検証段階で、実際原価と比較される標準の原価を標準原価という。標準原価と実際原価の差異は、その原因が分析されることが重要である。そのために、たとえば、直接材料費に関する直接材料費差異は、Column12-2に示すような方法で、材料の消費量に関わる差異である数量差異と、材料の消費価格に関わる差異である価格差異に分析される。なお、標準による製品原価の維持は、作業能率に着目していることから、数量差異の原因分析が、特に重要となる。

Column12-2

直接材料費差異の計算方法

直接材料費差異の計算は、以下のような図を活用して計算できる。

```
                                              実際直接材料費
実際消費価格 ┌──────────────────────────────────┐
           │          価格差異                  │
予定消費価格 ├────────────────────┬─────────────┤
           │                    │             │
           │    標準直接材料費    │   数量差異    │
           │                    │             │
           └────────────────────┴─────────────┘
                            標準消費量      実際消費量
```

　ここで、Ｘ軸（長方形の底辺）は、材料の消費量を表しており、大きい長方形の底辺を実際消費量、小さい長方形の底辺を標準消費量としている。また、Ｙ軸（長方形の高さ）は、材料の消費価格を表しており、大きい長方形の高さを実際消費価格、小さい長方形の高さを予定消費価格としている。そうすると、実際直接材料費は、大きい長方形の面積、標準直接材料費は、小さい長方形の面積として表現することが可能となり、直接材料費差異は、大きい長方形と小さい長方形の面積の差として表れる。さらに、直接材料費差異は、図のように、材料の消費量に関わる差異である数量差異と、材料の消費価格に関わる差異である価格差異に区分できる。

　本文のカップケーキの事例で、プレーンは、100ロット生産されていたが、そのための生地作りに必要な材料の実際原価が、891千円（1,100kg×810円/kg）であったとき、比較すべき標準原価は、800千円（1,000kg×800円/kg）と計算できる。プレーン1ロットを製造するのに標準となる生地は10kgであり、実際生産量は100ロットなので、その標準消費量は1,000kg（10kg/ロット×100ロット）となり、また、予定消費価格は800円であるためである。これらのデータを使うと、直接材料費差異は91千円（不利差異）と計算でき、その内訳は、数量差異が80千円（不利差異）、価格差異が11千円（不利差異）となる（実際原価が標準原価よりも大きい場合を不利差異、小さい場合を有利差異と呼ぶ）。分析された原価差異が大きな値を示すとき、その原因を追究する重要性が高まる。

第12章

❖ 製品原価の改善

　製品原価を改善する方法として、まず挙げられるのは、製品原価について、改善目標を設定することである。前項では、製品原価を維持する方法として、標準を利用した方法を紹介したが、標準の設定段階で、改善目標を加味すれば、それは、作業能率の改善を促す方法、製品原価の改善方法としても活用できる。

　また、さまざまな対象を測定する原価計算手法を活用することも製品原価の改善において有効であろう。このアプローチは、「測定できないものは管理できない」という格言に従い、管理しようとする対象を測定するアプローチである。たとえば、ABC（activity-based costing）という原価計算手法を利用する方法がある。ABCは、活動基準原価計算とも呼ばれ、前節で説明した製品原価の計算方法（製造間接費を工場や製造部門に集計し、生産量やそれに比例する作業時間・機械運転時間といった基準を利用して各製品に配賦する方法）が生み出す問題を受けて提案された手法である。この問題は、たとえば、多品種少量生産を行っている企業で表面化する。多品種少量生産のためには、段取替えなどの活動が必要であり、そのために経済的資源が消費される。しかし、上述の方法によると、このような事実は反映されず、相対的に少量生産である製品の原価は、生産量が少ないことから製造間接費の配賦額が小さくなるため、過小評価されてしまう。製品原価情報は、価格決定などさまざまな意思決定に影響を与えるため、製品原価の歪みは、企業経営に悪影響を及ぼすことになる。

　このような問題を解決するために、ABCでは、製造間接費を工場や製造部門ではなく、段取替えや検査などのさまざまな「活動」に集計し、それぞれの活動の利用度に応じて各製品に配賦する。たとえば、段取替え活動にかかる原価を集計し、それを、段取替えの所要時間といった基準を利用することで、各製品に配賦するのである。ABCの効用は、製品原価の歪みを改善するだけではない。さまざまな活動の原価を測定することで、製品の原価作用因となるさまざまな活動に目を向けさせ、活動の効率化や統廃合のきっかけを作る。製品原価に影響を与える活動の原価を測定することで、製品原価の改善への新たな道筋が開かれるのである。

5 おわりに

　本章では、製品原価の計算方法、製品原価を維持・改善する方法を、令和堂の
カップケーキを事例に紹介した。製品原価の計算では、特に、製造直接費と製造間
接費の概念に焦点を当てた説明を行った。製造直接費は、製品1単位あたりの経済
的資源の消費額がわかるもので、その消費額を製品原価とする。一方で、製造間接
費は、製品を製造するために消費された経済的資源ではあるが、製品1単位あたり
の消費額がわからないため、何らかの基準を設けて、みなし消費額を計算し、それ
を製品原価とする必要があった。

　製造業者は、計画的に利益を獲得するために、また利益を増加させるために、製
品原価を計算するだけでなく、維持・改善する必要もある。製品原価を管理するた
めには、製品原価に影響を与える要因、すなわち、製品の原価作用因を認識するこ
とが肝要である。本章では、そのうち、作業能率と活動に関連した手法を紹介した
が、製品の原価作用因は多様であり、たとえば、本書第9章、第10章の意思決定、
第11章の生産管理、第13章の製品開発の議論は、製品の原価作用因に関連してい
る。製品原価の管理は、製品の原価作用因を理解することから始まる。製品原価へ
の影響という視点から他章の議論を捉えることで、製品原価の管理についての理解
を深めてもらいたい。

? 考えてみよう

　具体的な製品をあげ、その製造に消費される経済的資源を把握したうえで、製品原
価を推定してみよう。

次に読んで欲しい本

岡本　清『原価計算（6訂版）』国元書房、2000年。

加登　豊編『インサイト原価計算』中央経済社、2008年。

谷　武幸編著『エッセンシャル原価計算』中央経済社、2012年。

第 13 章

製品・商品を開発する

第13章

1 はじめに

　あなたは、お菓子を買うのにいくらまでなら支払えるだろうか？　商品の販売価格（売価）は、客が支払える金額にかなりの程度、左右される。そこで、そのような中でも利益をあげられるよう商品を企画して販売することが必要である。しかしその一方で、原価計算の勉強をしていると、製品を製造、販売するにあたって費用がかかり、それを回収するために製品原価を計算することを学習する。この製品原価に利益を上乗せして販売価格を決定することも考えられる。

　どちらの価格設定も現実には存在するが、商品が消費者に受け入れられなければ、企業は利益を獲得することはできない。つまり、企業の都合だけで価格を決定することはできず、市場に受け入れられる価格で販売できるように、原価（コスト）を作り込む必要がある。原価は材料調達、生産、販売の各段階で発生するが、その原因は生産を始める前、つまり製品の設計図ができる設計段階である程度決まる。この設計段階でどのように、市場に受け入れられる販売価格になるように原価を作り込むかについて、本章で学習する。

2 冷蔵用ショーケースの開発

　令和堂洋菓子事業部では、店舗で販売する際に冷蔵用ショーケースに商品を陳列して販売している。またレストラン事業部の店舗でも、ケーキは冷蔵用ショーケースに入れ、客が商品を見てデザートを決めることができるようにしている。このショーケースの製造メーカーが、新しくショーケースの製品開発を行っており、令和堂洋菓子事業部の米谷可介部長は、この会社から現在のショーケースに関する意見を求められた。そこで、ケース内の位置によって温度のムラが生じたり、ガラスが曇ったりしないようにしてほしい、また軽量化してほしいといったことを伝えた。

　ショーケースの製造メーカーはこうした要望を製品の機能に反映させようと努力するが、その一方で製品の機能を高めようとするほど、高機能な材料や部品、製造技術が必要となり、製品原価は高くなる。社内でシミュレーションした結果、米谷事業部長の要望に応えることは技術的には可能だが、製品原価に利益を上乗せした

販売価格では顧客に受け入れられないと、営業部から反発を受けた。

　冷蔵用ショーケースは、令和堂のような和洋菓子店だけではなく、スーパー、コンビニ、レストランなど多くの店舗で利用されている。また製造メーカーも複数あり、製品の機能だけでなく、価格競争力が求められる。そこで、自社の都合で販売価格を決めるのではなく、まず顧客の要望を考慮して販売価格を決定し、その価格から利益を除いた範囲で製造原価が収まるように、製品の機能を高める工夫が必要との結論にいたった。

3　原価を作り込む

❖ 源流管理と原価企画

　この事例には２つのポイントがある。１つは、販売価格を製造原価の積み上げによって決定するのではなく、事前に顧客が求める価格を想定し、その価格で販売できるように製品原価を作り込むという発想である。製品を作り始めて実際の原価がわかってから、それに必要な利益を加算して売価を決定するプロダクト・アウトの価格決定は、客に受け入れられる売価を超えてしまう危険がある。そうならないように、製品の開発においては、客の要求する品質・性能とともに、あらかじめ売価も念頭に置いたマーケット・インの発想をとることが求められる。

　もう１つは、その実現に大きな役割を果たすのが設計・開発段階であるという点である。多くの人は、製品原価は、生産段階で発生するものとイメージするかもしれない。製品原価を構成する材料費、労務費、経費の多くは製造工程で発生する。しかし、製造工程で使用する材料や労務費の基となる作業時間や作業者の人数などは、生産が始まってから決まるわけではない。図13−１が示すように、製造段階で多くのコストが発生し、コストの発生額の累計は製造、販売と進むにつれて増加するが、それを決定する要因は製品の製造段階に至るまでにコストの95％前後が確定してしまうことを表している。それは、製品の企画設計段階で、材料はもちろん、製造工程、販売方法や流通方法といったコストを決定する条件がおおむね確定するからである。コスト低減といえば、製造段階における生産性の改善がすぐに思い浮かぶが、この図が表しているように、実は製造段階において低減できるコスト

第13章

は限られている。そのため、製造段階よりも前の段階、つまり設計という源流段階からコストを作りこむ「源流管理」が重要である。

【図13－1　コスト決定・発生曲線】

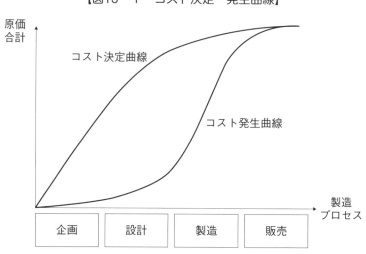

　源流管理の具体的活動として原価企画がある。原価企画は、「製品の企画・開発にあたって、顧客ニーズに適合する品質・価格・信頼性・納期等の目標を設定し、上流から下流に及ぶすべてのプロセスでそれらの目標の同時的な達成を図る、総合的利益管理活動」（日本会計研究学会、1996）と定義される。「原価」企画という名称だが、原価以外についても目標を設定し、それらを同時に達成しようとする点が重要である。品質や納期などを犠牲にしては利益にはつながらないからである。

　原価企画の特徴は、①管理会計の面、②VEの面、および③組織横断的活動の面という3つの側面から見出される。このうち①管理会計の面は、さらに「マイルストーン管理」と「目標原価の設定と細分割付」とに細分することができる。以下では、これらの諸特徴について説明する。

❖ マイルストーン管理

　マイルストーンとは、もともと大昔の街道に1マイルごとに置かれた標石のことで、ここからマイルストーン管理は、新製品開発の道程をいくつかの段階（ステー

ジ）に分け、その節目ごとに各種の目標を達成できるかを確認するという意味で使われている。これを節目管理やステージゲート法と呼ぶこともある。たとえば、冷蔵用ショーケースの製造メーカーでは図13-2のように、新製品開発を2段階に分けて節目ごとに「企画会議」を設けている。この企画会議がマイルストーンであり、新製品が突破しなければならない関門（ゲート）である。設計の複雑な電化製品や自動車などの製品をあつかう会社では、さらに多くのマイルストーンが設けられる。また、より小規模な進捗チェックをレビューといい、設計を確認するデザインレビュー、原価を確認するコストレビューなどがある。マイルストーン管理は、こうしたレビューの集大成として行われる。

【図13-2　冷蔵用ショーケースメーカーのマイルストーン管理】

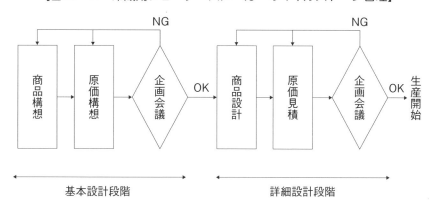

マイルストーン管理の目的は、設計図ができあがる前に修正を行うことである。製品開発を進めるためにはマイルストーンを突破しなくてはならないので、製品開発担当者は事前に入念な準備を行うことになる。たとえば、この冷蔵用ショーケースメーカーの製品開発担当者は、企画会議に同席する社長や経理担当者に前もって事前説明を行い、その事前説明の段階で指摘されたことを修正・対応しておき、本番の企画会議で厳しい質問を受けても大丈夫なように準備をしておく。こうした準備の過程で、マイルストーンを突破できるよう設計案の事前修正が行われるのである。

第13章

❖❖ 目標原価の設定

　マイルストーン管理では、製品の品質、納期、信頼性に関する諸目標とならんで、利益確保のための原価の目標である「目標原価」について話し合いが行われる。目標原価はマイルストーン管理を通じて徐々に作り込まれていき、これが定まれば第12章で学んだ工場において維持すべき標準原価と同じものになる。そのため、実現可能性のある原価の目標を立てなければならない。しかし同時に、今までのやり方を改めて新しいスタンダード（標準）を打ち立てることも重要である。

　そのために、第7章で学んだ予算による差異分析と類似した方法を用いる。つまり、計画値と実績値を比較して差異（ズレ）を明らかにすることである。ただ、予算に関わる差異分析はPDCAサイクルのDoの後、つまり事後に行われるのに対して、原価企画では実績値の出るDoの前、つまり事前に差異分析を行うという違いがある。その方法として、「積上法」と「控除法」、そして両者を併用した「折衷法」がある。

　第1に積上法は、合理的に予測される原価に基づいて目標原価にアプローチする方法である。すなわち、新製品にかかる材料費や労務費などの原価を1つひとつ加算して「積上原価」を計算する。その方法には、「差額法」と「総額法」がある。差額法は、現行製品をベースにして、変更する部分のみを加減算していく方法である。他方、総額法は、現行製品を参考にせずゼロベースで各部材の材料費と製造等に要するコストを加算していく方法である。

　冷蔵用ショーケースの製造メーカーでは、すでに販売しているショーケースの機能を改善することで新製品を開発しようとしていることから、差額法によって積上原価を計算する。既存製品に対して新しい機能を追加し、それに伴って材料を変更することで原価が上がる一方で、機能の見直しによってコストダウンがいくらか見込まれる。今、既存製品の原価を23万円とし、機能の追加によるコスト上昇額が4万円と見積もられる。一方で、削減可能なコスト額が3万円と見積もることができるとき、積上原価は24万円となる。

　ここで重要なことは、コスト上昇額とコスト削減額をいかに合理的に見積もるかである。そこでは適用する技術に加えて、材料や人件費はその時々の環境に応じて変化するため、製法や材料が既存の製品と同じだからといって、新製品の目標原価の設定の際に既存製品と同様の単価を用いることはできない。現状や過去の実績のみに基づくのではなく、現状にとらわれず、科学的、論理的に原価を見積もる必要があり、そのためには材料や部品、製法などのデータの蓄積と高度な技術が必要である。

　第2に控除法は、経営戦略に基づいて目標原価にアプローチする方法である。すなわち、予定した売価から希望する利益を控除して許容原価を算出する許容原価方式によってその製品に許容される原価を求める。このうち予定売価は市場調査を踏まえて決定する。希望利益は中期経営計画に基づいて個別製品に割り付けられた要求される利益として計算する。なお、希望利益にはさまざまな利益（率）概念を用いることができ、中でも売上高総利益率と売上高営業利益率を用いる企業が多い。

予定売価－希望利益＝許容原価

　ただし、許容原価をそのまま目標原価とするのではない。控除法は、あくまで中期経営計画上の希望を含めた会計数値を利用した引き算にすぎず、実際の製品がその原価のとおりに生産されるとは限らないからである。重要なことは、目標原価の設定に向けたアプローチの1つとして控除法をとらえ、前述した積上法によるアプローチとの併用によって、納得性のある目標原価を設定することである。たとえば、ある大手自動車会社では、目標原価を決めるための主要な参考情報としてとして許容原価を位置づけており、許容原価のみで目標原価が決定されるわけではない。

　冷蔵用ショーケースの製造メーカーでは、今回の新製品が改良型の新製品であることから販売費及び一般管理費は既存製品と共通であると考え、目標利益として製品の売上総利益を検討することにした。第1回目の企画会議では控除法により次の

ように提案された。「市場調査より冷蔵用ショーケースは、販売価格を300,000円として年間100台の販売量、3年間で総販売量300台が見込まれる。1年間の売上高は、単価300,000円×100台＝30,000千円となる。また、中期経営計画より、冷蔵用ショーケースに求められる売上総利益率は25％である。これを用いて製品1台あたりの希望利益（売上総利益）は販売価格300,000円×売上総利益率25％＝75,000円であり、製品1台あたりの許容原価は、予定売価300,000円－希望利益75,000円＝許容原価225,000円としたい」（表13-1）。

【表13-1　許容原価の計算】

	予定売価	希望利益	許容原価
1台あたり金額	300,000円	75,000円	225,000円
構成比	100％	25％	75％

　目標原価設定の第3の方法である折衷法は、積上原価と許容原価をもとにあるべき原価（理想原価）を目標原価として定める方法である。前述のようにして計算される積上原価と許容原価とを比較することで、それらの間の差異（ズレ）が明らかになる。このとき、積上原価が許容原価を上回る場合と、積上原価が許容原価と同額か下回る場合が考えられる。

　積上原価が許容原価を上回る場合は（積上原価 ＞ 許容原価）、積上原価を許容原価に近づけていく方策を議論するが、根拠のないすり合わせではなく、参加者の納得のうえで合意できる「あるべき原価」を追求することが重要である。あるべき原価とは、あるべき設計のもとで、あるべき調達を行い、あるべき工程で生産することを念頭に置いて、現行案から設計変更、材料変更、製造方法変更を発案することによって示される合理的な見積原価である。たとえば、ある大手自動車会社では、「理想仕様（理想構造、理想工程、理想調達）」を最適な原単位でコストとして表現したものを理想コストと定義し、これをもって目標原価としている。

　また、積上原価が許容原価を下回る（積上原価 ≦ 許容原価）場合であっても、現状に満足せずにあるべき原価を追求することは重要なことである。なぜならば、あるべき原価の追求をやめてしまうと、それ以上の原価低減の技術が磨かれないことになるからである。とりわけ技術の世界は日進月歩であり、あくまでもあるべき原価を追求し、コスト競争力を養っておかなければ、いずれ次の新製品を開発する際に、他社との競争において後塵を拝することになりかねないのである。

　冷蔵用ショーケースの製造メーカーでは、第１回目の企画会議において、年間の売上原価が積上法では24,000千円であるのに対して控除法では22,500千円であること、それによって積上法の売上総利益が6,000千円であるのに対して控除法による売上総利益は7,500千円と、積上原価が許容原価を1,500千円も上回っていることがわかった。販売価格や販売数量をさらに伸ばすことができればよいが、販売部門によれば販売価格と販売数量をこれより上げることは難しいという。そのため、企画会議では製造原価低減案の議論が行われた。

　表13-2が示す原価構成をもとにすると、販売数量100台を維持して目標の売上総利益7,500千円を達成するには、変動製造原価を15,000千円から13,500千円へと削減する（変動比率0.5 → 0.45）か、設備投資額を抑制するなどして年あたりの製造固定費を9,000千円から7,500千円へと削減しておくこと、あるいはそれらの組み合わせによることが考えられる。この点を確認して、第２回目の企画会議までにあるべき原価を追求することになった。

【表13-2　冷蔵用ショーケースの年間業績予測：積上法と控除法の比較】

(単位：千円)

	積上法（積上原価）	控除法（許容原価）	差異
売上高	30,000	30,000	
売上原価			
製造原価			
変動費	15,000		
固定費	9,000		
合計	24,000	22,500	△1,500
売上総利益	6,000	7,500	△1,500

❖ V　　E

　原価企画の第２の特徴がVEである。管理会計の視点から導出したあるべき原価を追求するためには、機能中心的思考をとることが有効である。機能中心的思考は、価値工学（Value Engineering：VE）の重要な要素であり、製品の形状や材料、生産工程について、それが果たすべき機能を追求することで、その機能を果たす代替案の発想を可能にする。VEでは、製品や部品の価値を機能とコストの関係として次のように定義する。

Column13-1

原価企画の逆機能

　原価企画は、積上原価と許容原価のズレをもとにして現状に変化を起こす。このズレは正当な努力によって解消されなければならないが、そうではなくズレが単に相対的な弱者に向けて転嫁されるとき、組織内外にさまざまなひずみをもたらす。これは原価企画の逆機能と呼ばれている。

　組織外に現れる逆機能として、サプライヤーの疲弊が挙げられる。たとえば、サプライヤーに納入価格低減や納期などに関する過度な要求を無理やり認めさせる、継続的発注を匂わせながらサプライヤーのもつ知的財産を学び取ったら関係を断って製造コストの安い海外などに発注する、サプライヤーの有能なエンジニアをメーカーに派遣させ、彼らの生み出した成果の大部分をメーカーに帰属させるなどすることによって、メーカーがサプライヤーの経営資源を奪い取り疲弊させてしまうことである。

　組織内に現れる逆機能もある。たとえば、過度な目標達成への圧力によって原価企画を遂行する従業員が心身ともに疲弊してしまうことが指摘される。それによって革新的な製品を生み出すどころか、ステージゲートを通りそうな当たり障りのない新製品ばかりが発売されることになる。また、近年多発している品質不正問題に関する調査報告書を読むと、販売価格や適時性といった偏った目標にとらわれ、品質管理が形骸化していたことが分かる。これらは、ひずみを従業員、ひいては顧客に転嫁しているものと解される。

　こうした逆機能からして、原価企画はいまだ完成された取り組みではないと見なければならない。ステージゲートは、いたずらに厳しければよいというものでもない。優越的地位にあるメーカーはサプライヤーや従業員の利益を確保するよう取り組まなければならないし、その責任を果たしているのかを確かめることのできる仕組みが求められる。原価企画は、それに関わる人々が少しずつにでも良くしていかなければならない取り組みなのである。

$$価値（Value）= \frac{機能（Function）}{コスト（Cost）}$$

　機能中心的思考の利点は、固定観念にとらわれない革新的発想を生み出すことである。たとえば、図13-3のような指示棒について通常の思考で原価低減案を検討するならば、握手部の材料、寸法変更、シャフト部の表面処理、材質変更・先端

部の材質、寸法変更などの物質中心的アイデアが出てくる。しかし、機能中心的思考をとれば、「説明部分を指示する」という機能を果たすために何が必要かという思考に切り替わり、レーザーポインタという現状を打破した革新的なアイデアが生まれる。これによって機能向上とコスト低減を図り、価値を向上させるというわけである（日本バリュー・エンジニアリング協会HP）。

【図13-3　指示棒とレーザーポインタ】

　VEの実施手順は、大きく①機能定義、②機能評価、③代替案作成の３段階に分かれている。①機能定義は、現状の製品を対象にして、その部材の１つひとつが果たすべき機能を定義し、大きな機能のまとまりに整理することである。たとえば、冷蔵用ショーケースの棚は「商品を陳列する」、蛍光灯は「商品を照らす」という機能を果たすとすると、それらは総合して「商品を展示する」という大きな機能を果たすまとまりである。こうしたまとまりを機能分野（Functional Area：FA）という。この冷蔵用ショーケースには、他にも「商品を保管する」という機能分野があり、その中で各部材が個々の機能（「品質を維持する」、「商品を出入れする」など）を果たしている。

第13章

【図13‐4　冷蔵用ショーケースの機能系統図の例（一部省略）】

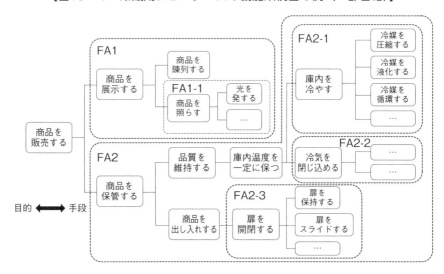

　次に、②機能評価は、上述の機能定義において定義された各機能について価値を評価することで、価値を向上させるべき機能を特定する段階である。機能評価は２つのステップを経て行われる。最初のステップは、Ｖ＝Ｆ／Ｃの式におけるＣ（コスト）の値を明らかにすることである。これは機能別コスト分析といい、各機能ないし機能分野に現状でかけられているコストを明らかにすることである。その際、材料費だけではなく部材にかかる組立費や加工費もコストに含められる。また、特定の部材が１つの機能を果たしている場合はその部材の原価を全額その機能に直課し、特定の部材が複数の機能を果たしている場合はその原価は合理的な配賦基準によって各機能に賦課する。

　機能別コスト分析の次のステップは、Ｖ＝Ｆ／ＣにおけるＦ（機能）の値、すなわち機能評価値を求めることである。原価企画ではこれを目標原価の細分割付と呼んでいる。機能評価値の理念は各機能の「あるべき原価」を示すことだが、実際には機能評価値を求める方法は多数あり、一個の確立した方法があるわけではなく、それぞれの方法に一長一短があるのが現状である。ここで重要なことは、納得のいくＦの値を求めるよう努めることである。本書では説明のため簡便な重要度比較法のみを取り上げよう。

　重要度比較法とは、製品が達成すべき原価を機能分野、または機能の重要度の割合で配賦する方法である。それにはまず、評価対象である複数の機能分野のうち、

178

基準となる機能分野を１つ選び、この評価値を10点とすると他の機能分野の評価値は何点となるかを設計チームの全体で評価する。たとえば、冷蔵用ショーケースの事例では、保管機能の重要度を10としたとき、展示機能の重要度を5とみなし、第１回目の企画会議で話し合われた許容原価225,000千円をVE目標として、各機能の重要度に応じて配分することにした（表13－3）。

【表13－3　機能評価値の算出】

	機能分野別重要度	機能分野別重要度比率	機能評価値
商品を展示する	5	33.33%	75,000円
商品を保管する	10	66.67%	150,000円
合計	15	100%	225,000円

出所：日本バリュー・エンジニアリング協会（2011）p.110図表3.2.2.3を改変

　以上のステップにより、Ｖ＝Ｆ／ＣにおけるＣの値とＦの値が各機能について明らかとなる。そこで次に、２つの基準に基づいて改善対象とする機能を選定する。第１は、価値の程度による基準であり、相対的にＶの値が低い機能から改善対象としてＣの値をＦの値に近づけていくことである。第２は、コスト低減余地による基準であり、Ｆの値とＣの値の差が大きな機能から改善対象とすることである。いずれも、Ｖ（価値）の値を上げていくことを目指し、③代替案を作成する。

　冷蔵用ショーケースの製造メーカーでは、FA2-1のコスト低減余地が大きいこと、およびFA2-2の価値（Ｖ）が相対的に低いことからこれらを改善対象に設定し、代替案作成に取り組むことにした。その結果、FA2-1について、新機構の採用によって冷却機能を保ちつつ単位あたりの材料費と組立費を合わせて7,000円分削減できること、FA2-2について、新素材を用いた断熱材によって冷気を閉じ込める機能を向上しつつ加工費3,000円を低減できることがわかった。それらによって、製品の単位あたり変動費は、積上原価における150,000円から今回の改善額10,000円分を除いて140,000円（変動費率0.47）にまで改善できるようになった。

第13章

マツダの一括企画

　マツダは、一括企画と呼ばれるコスト管理を行っている。本文で説明した方法は、いずれも製品１単位あたりの変動費、つまり変動費率を低減するものであった。しかしマツダの一括企画では、スケールメリットつまり自動車１台当たりの固定費抑制を狙った設計管理を行っている。

　利益を出しやすくするにはあらかじめ損益分岐点を低くしておくことが必要であるが、損益分岐点を下げるためには変動費率だけではなく、固定費を低く抑えておくことが有効である。それでは、固定費はどのようにして下げられるかといえば、それは生産量を増やし、製品１個あたりにかかる固定費を相対的に下げることである。しかし、販売台数に限界があるとすれば、それには限界があることになる。それならば、異なる製品でも固定費を共通化しうるような設計にすればよいというわけである。

　マツダでは、2012年から2015年にかけて発売する８車種を2006年にまとめて企画した。全車種の実現に必要な技術や部品を明確化するとともに、その結果に基づいて共通する標準モジュールが開発された。その標準モジュールが８車種に展開されることで、開発効率を向上させるだけでなく、標準モジュールを大量に生産するため車両１台あたりにかかる固定費を抑制することができる。さらに、その原価改善・品質改善効果を長く車種全体にわたって展開することができる。従来よりモジュールの流用は行われてきたが、これをあらかじめ計画的に実施した点に一括企画の新しさがある。

　コスト決定曲線（図13-1）が示すように、企画・設計（デザイン）段階で製品の原価はおおむね確定する。それは、企画設計の段階において、どの材料を使用するのかはもちろん、どのような生産設備を使用し、どのような製造方法（必要人員を含む）で作るのかの大半が決まってしまうからである。したがって、どのような変動費と固定費が発生するのかについても、この企画設計段階において決定してしまうのである。そうなる前に、あらかじめ変動費はもちろん固定費が抑えられるように対策をしておくことが有効であり、一括企画はその好例といえよう。

❖ 組織横断的活動

　機能中心的思考によってあるべき原価を追求するには、企業や部門の壁を越えた活動が必要である。なぜなら、機能から仕様を考えることはできても、そのような材料が市場で入手できるか、製造工場の条件は整っているのかなど、実現性を検討するのに購買部門や製造部門など他部門との連携が欠かせないからである。開発購買と呼ばれる実践は、設計部門、生産部門、調達部門が連携して、製品の開発設計段階から利益創出活動を行うもので、多くの企業によって取り組まれている。時には、材料や部品を納入するサプライヤーに出向き、そこで協力して設計や生産工程を改善することで、サプライヤーの利益を確保しつつ納入される材料費を下げようとする。

　また、部門間のセクショナリズムがコスト押し上げの隠れた要因となることもある。たとえば、加工部門と組立部門がコストセンターとして業績管理されている工場では、組立部門から製品原価を下げるような改善提案があったとしても、それによって加工工数が増えて組み立て工数が減るような改善案であると、加工部門ではコストが上がるためやりたがらないということもある。あるべき原価の追求は、こうしたセクショナリズムを打破して部門間が連携した協力体制を築くことも時には必要であり、機能中心的思考はそのための理論的根拠となる。

　冷蔵用ショーケースの製造メーカーでは、これまでの設計を機能中心的思考によって見直した。冷蔵用ショーケースに必要な機能を維持しながらも、かつては必要であったが現在の製品では不要となっていた過剰な設計仕様を改めることとし、公差（設計基準値からの許容誤差）を改定した。これによってサプライヤーでは製造工程を簡略化することができるようになり、納入部品にかかる作業時間を短縮することができた。そのため、ショーケースの製造メーカーは製品1台あたりの納入部品費を2,000円削減することができた。これによって、製品1単位あたりの変動費は138,000円（変動比率0.46）まで改善された。

第13章

4 おわりに

　冷蔵用ショーケースの製造メーカーでは第2回目の企画会議が開かれた。最終的

に提示した積上原価は、228,000円である。許容原価の225,000円が未達であることを上層部より指摘された。しかし製品開発担当者は、これが理想構造、理想工程、理想調達のもとで計算したあるべき見積原価であり、これよりはどうしても下がらないこと、また新製品は、顧客の声を十分に聞いて製品の機能に反映させており、価格の上昇も最小限に抑えたことで市場に受け入れられる旨を主張した。最終的に米谷事業部長は、この提案に同意した。

　許容原価が未達にもかかわらずゲートは開かれた。彼の提案した見積原価が目標原価として合意され、以後はこれを標準原価として生産過程において達成することが目指される。このことは、許容原価には意味がなかったことを示すわけではない。許容原価をガイドとして、あるべき原価を追求する根拠と動機が生まれた。製品開発担当者は自らの新製品を企画会議に通すために、全力で準備と調整を行ってきた。その過程において、新しいコスト構造が模索され、形成されていったのである。

❓ 考えてみよう

　本章で取り上げた冷蔵用ショーケースの事例において、いま希望する売上高総利益率が20%であるときに、VEの重要度比較法を用いて次の情報が得られたとする。このうちでどの機能の改善を図ればよいか、各機能の価値を計算することにより特定しよう。

機　　　　　能	商品を保管する	商品を展示する	商品を陳列する	商品を照らす
機能別コスト	150,000円	100,000円	60,000円	40,000円
機能分野別重要度	10点	6点	10点	5点

次に読んで欲しい本

岡野　浩、小林英幸編『コストデザイン—トヨタ／研究者の実践コミュニティ理論』大阪公立大学共同出版会、2015年。

加登　豊『原価企画—戦略的コストマネジメント』日本経済新聞社、1993年。

田中雅康『原価企画の理論と実践』中央経済社、1995年。

第 14 章

環境を管理する

第14章

1 はじめに

　現在、気候変動、資源枯渇、生物多様性の喪失、海洋・土壌汚染、砂漠化など、地球環境問題への対応が急務となっており、21世紀最大の課題とみなされている。これらの環境問題の多くの原因は企業の経済活動にある。企業が資源を消費し、温室効果ガスを排出し、廃棄物を生み出すことで、地球環境に大きな負荷がかかっているのである。したがって、企業は経済活動を営むだけでなく、環境問題にも同時に対処しなければならない。

　企業が環境問題に対処しなければならないといっても、企業は営利追求を目的とした経済組織であるから、環境保全活動においても経済的な側面も考慮して管理していくことが必要になる。つまり、環境保全活動に関わるコストや収益などを考慮しながら、環境保全活動を管理することが求められるわけであるが、このような環境保全活動の経済的な側面を考慮しながら管理する会計手法は、環境管理会計と呼ばれている。

　環境管理会計には、環境のための設備投資決定の評価手法や、環境に配慮した業績評価手法、あるいは環境保全コストの管理などさまざまな手法が含まれるが、本節ではその中でも国際標準化され、世界的に普及している手法であるマテリアルフローコスト会計（Material Flow Cost Accounting, 以下MFCA）を中心に解説する。MFCAは、企業における原材料（マテリアル）とエネルギーに焦点を当てて、廃棄物のコストを計算して、その削減へのインセンティブを見える化して、資源生産性の向上を目指す手法である。

2 廃棄物のコストを「見える化」する

　令和堂では、レストラン事業部でサンドウィッチも製造・販売している。特に、キャベツカツサンドが有名で、令和堂の直営店以外でも販売している。しかし、サンドウィッチの製造工程では、洋菓子以上に廃棄物が発生するし、電気やガスなどの消費量も大きい。廃棄物は資源のムダであるし、電気を消費するということは、火力発電所からの電気を利用していれば、その過程で温室効果ガスも排出されるの

で、気候変動にも影響を与えてしまう。また、ISO14001という環境マネジメントシステム規格の取得も、取引先から要請されている。ISO14001は、工場での環境負荷を削減するためのマネジメントシステムを規定した国際標準である。

　栗原令子社長は、学生時代から環境問題に関心を持っていたので、令和堂の環境保全活動を活発化したいと思っていた。しかし、利益の獲得も焦眉の課題なので、環境と経済を両立させる手法の導入から検討するようにと、サンドウィッチ製造部に指示し、梅澤良介製造課長が担当となった。

　そこで梅澤課長は、まずは工場で発生している廃棄ロスを削減することを第一の目標とすることにして、対応を検討し始めた。梅澤課長は、早速、原価計算の専門書を購入して、廃棄物のコストを計算しようとしたが、分厚い原価計算の専門書をいくら調べても、廃棄物のコストを製品原価から分離して計算する明確な方法がわからなかった。

　しかし、梅澤課長の大学時代に学んだ環境会計のテキストにそのようなことが書いてあったことを思い出し、押し入れにしまっていたテキストをもう一度開いてみると、廃棄物のコストを計算するためにMFCAという方法を学んだことを思い出した。さらにインターネットで調べてみると、MFCAは今ではISO14051（MFCAの一般的枠組み）やISO14052（MFCAのサプライチェーンへの導入）として国際標準化されていることもわかった。

　梅澤課長はあまり勉強熱心な学生ではなかったので、学生時代に学んだことはほとんど忘れていたが、テキストを読むと昔の記憶が蘇ってきた。MFCAは廃棄物の削減だけでなく、電気代などのエネルギーの節約にも役に立つらしい。早速、梅澤課長はサンドウィッチ製造工程にMFCAを導入するための作業を開始した。

　MFCAを導入するためには、まず通常の原価計算とMFCAの違いをしっかり認識しておくことが必要である。梅澤課長は、工場の現場で働く人々に理解してもらうために、材料費だけで通常の原価計算とMFCAの違いを説明できるように、ひと月のデータをもとに計算して、図を作ってみた。

　キャベツカツサンドを作るには、図14－1に示したように、さまざまな材料が使用されるが、通常の原価計算では、在庫が残らないとして、投入原材料のすべてがキャベツカツサンドの原価を構成することになる。

　図14－1の投入材料は月産の1万個の材料である。投入材料費は以下のように計算できる。

　食パン1,500kg×0.7円/g＋豚肉2,000kg×2.4円/g＋キャベツ1,000kg×0.1

円/g＋…（他の材料も同様に計算する）…＝7,347,500円

【図14‐1　通常の原価計算における原価の計算】

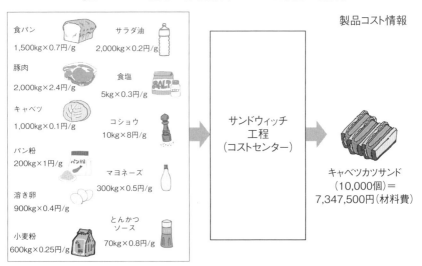

図14‐1では、すべての材料が最終製品であるキャベツカツサンドになるように見えるが、実際には、キャベツや豚肉の切れ端のようなロスや、カツの揚げ具合が悪かったり、カツをパンにうまく挟めなかった不良品などが発生する。このような廃棄物を減らして資源生産性を向上させることが、環境にも経済にも良い効果をもたらすはずであるが、日々厳しい競争環境にさらされている令和堂としては、廃棄物を減らすことが、どの程度企業に利益をもたらすのかがわかりにくかったため、改善に取りかかりにくい面もあった。

MFCAは、通常の原価計算ではわからない廃棄物のコストを「見える化」することで、廃棄物削減へのモチベーションを高める手法である。梅澤課長は大学時代のテキストを見ながら、実際に廃棄物の重量を測定して、廃棄物のコストを計算してみた。その結果が図14‐2である。

【図14-2　MFCAによるコスト計算】

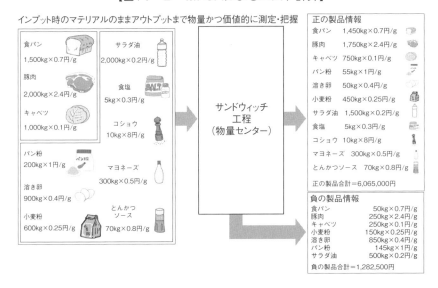

インプット時のマテリアルのままアウトプットまで物量かつ価値的に測定・把握

食パン
1,500kg×0.7円/g

サラダ油
2,000kg×0.2円/g

豚肉
2,000kg×2.4円/g

食塩
5kg×0.3円/g

キャベツ
1,000kg×0.1円/g

コショウ
10kg×8円/g

パン粉
200kg×1円/g

マヨネーズ
300kg×0.5円/g

溶き卵
900kg×0.4円/g

とんかつ
ソース
70kg×0.8円/g

小麦粉
600kg×0.25円/g

サンドウィッチ
工程
（物量センター）

正の製品情報
食パン　　　　1,450kg×0.7円/g
豚肉　　　　　1,750kg×2.4円/g
キャベツ　　　750kg×0.1円/g
パン粉　　　　55kg×1円/g
溶き卵　　　　50kg×0.4円/g
小麦粉　　　　450kg×0.25円/g
サラダ油　　　1,500kg×0.2円/g
食塩　　　　　5kg×0.3円/g
コショウ　　　10kg×8円/g
マヨネーズ　　300kg×0.5円/g
とんかつソース　70kg×0.8円/g
正の製品合計＝6,065,000円

負の製品情報
食パン　　　　　50kg×0.7円/g
豚肉　　　　　250kg×2.4円/g
キャベツ　　　250kg×0.1円/g
小麦粉　　　　150kg×0.25円/g
溶き卵　　　　850kg×0.4円/g
パン粉　　　　145kg×1円/g
サラダ油　　　500kg×0.2円/g
負の製品合計＝1,282,500円

　梅澤課長の計算では、モデルのラインではひと月あたり、1,282,500円のロスが生じていることがわかった。MFCAでは、良品のことを「正の製品」、廃棄物のことを「負の製品」と呼ぶことがある。通常の原価計算では、廃棄物、すなわち負の製品のコストは、製品原価の中に含まれていて、分離されていない。したがって、廃棄物をたくさん出していても、製造現場ではその経済的な影響がわからない場合が多い。この部分を「見える化」して、経営者や現場の人たちに廃棄物に関心を向けさせ、その削減を動機づけることがMFCAの目的になる。

　しかも、図14-2は、廃棄物によるロスの一部しか示していない。実際には、工場で働いている人たちへの給料、電気やガスなどのエネルギー費、機械の減価償却費などさまざまな費用が発生している。廃棄物も、製品と同じように人手を使い、エネルギーを消費し、機械を使って製造されるわけなので、直接材料費だけでなく、他の費用も廃棄物に配分しなければならない。MFCAで廃棄物を「負の製品」と呼ぶのは、このためである。

第14章

　梅澤課長の社内での説明は結構受けが良かった。中には、「目から鱗が落ちました」と言ってくれる社員もいた。実は、テキストの豚肉の生姜焼きの事例を、キャベツカツサンドにしただけなんだけど、と梅澤課長は思いながら、そのことは言わずに、早速MFCAの本格的な導入に取りかかるように、課員に指示を出した。

3 MFCAの導入

❖❖ マテリアルフローモデルの作成

　MFCAは、マテリアル（材料とエネルギー）フローに合わせてコストと重量の2つの情報を測定し管理するシステムである。マテリアルコストを計算するためには、まずマテリアルを把握しなければならない。マテリアルとは、原材料として投入される物質すべてを指す。電気やガスのようなエネルギーに関する費用も自然科学的にはマテリアルなので、マテリアルコストに含めることができるが、実際の計算上は間接費であることが多いため、エネルギーコストとして独立させるほうが一般的である。

　MFCAの基本フレームは、工場へのインプットを始点として各生産工程を経て、製品となるアウトプットを終点とするプロセス間を、マテリアルがどのように流れ（フロー）、滞留（ストック）するかを一定期間追跡することである。その流れを記述したものが、マテリアルフローモデルである。

　MFCAの重要なポイントは、マテリアルロスである廃棄物コストの算定にあるから、原則として、マテリアルがインプットされたり、廃棄物が出るポイントごとに計算することが望ましい。この計算ポイントを、MFCAでは物量センターと呼ぶ。

Column14-1

SDGsと環境管理会計

　1992年のリオの地球サミットで、「持続可能な開発（Sustainable Development）」というコンセプトが採択された。このときから、地球のサステナビリティは、全世界共通の目標となった。そして、2015年に国連は、「持続可能な開発目標（Sustainable Development Goals: SDGs）」を全会一致で採択した。SDGsは、17の目標と2030年までに達成すべき169のターゲットからなる包括的な目標と指標の体系で、国連加盟国はすべてその責任を負うことになった。17の目標は以下の通りである。

　SDGsは、政府の責任で進めるべき政策であるが、国連のアジェンダ文書によると、企業を含む民間セクターの協力も要請されている。それを受けて、多くの企業のサステナビリティ報告書や統合報告書では、SDGsへの対応を開示しており、SDGsのロゴが踊っている。

　しかし、SDGsを企業経営の中に位置付けるためには、そのコストとベネフィットを分析する必要がある。そのためには環境管理会計を中心とする会計が必要になる。なかでもMFCAは、「目標12　つくる責任、つかう責任」に有効な会計手法として注目されている。

第14章

物量センターは、細かく設定すれば、精緻な管理が可能であるが、それだけ測定や計算の手間もかかる。したがって、あまり重要でない廃棄物の発生ポイントは統合

してもかまわない。極端な場合、工場を１つの物量センターとして計算することも可能である。

　令和堂のキャベツカツサンドを例にすると、「食パン耳カット」、「キャベツマヨ作り」、および豚カツ製造の３工程が独立して製造を行い、最後に「合わせカット」の工程で食パンにキャベツマヨと豚カツを挟み、半分にカットしてキャベツカツサンドを生産する。梅澤工場長の指示の下で、作成したキャベツカツサンド工場のマテリアルフローモデルが図14 - 3である。なお、実際には、出荷前に品質検査工程、倉庫での保管があるが、簡略化のためここでは省略している。

【図14 - 3　キャベツカツサンド製造工程のマテリアルフローモデル】

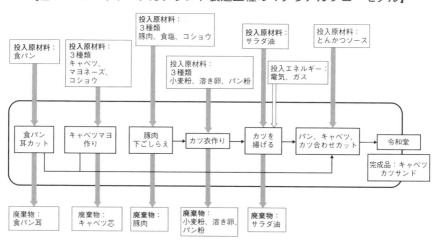

❖ マテリアルコストフローチャートの作成

　マテリアルフローモデルができあがれば、それに重量とコスト情報を追加していく必要がある。MFCAでは、コストを材料費を中心とするマテリアルコスト、労務費や減価償却費のような経費を中心とするシステムコスト、電力やガスなどのエネルギーコスト、さらに廃棄物処理コストに区分することが多い。

　ちなみに、MFCAでのコストの名称は、システムコストのように通常の原価計算とは異なる用語を用いている。これは、MFCAの計算は、厳密に通常の原価計算と一致させなくても良いことを示している。実際の原価計算は１円でも間違うと利益

に影響するが、MFCAではそこまで正確な数値は求められていないので、現場の事情に合わせて柔軟に適用してかまわない。

　MFCAの目的は廃棄物の削減による資源生産性の向上にあるため、マテリアルコストの把握が一番の基本になる。令和堂の１ヵ月のマテリアルコスト情報は図14-4のようになった。このような図はマテリアルコストフローチャートと呼ばれる。数値は、各物量センターでの材料のインプットとアウトプットの重量に単価を掛けたものである。図の上段の主材料・補助材料はその物量センターへの投入、中段は次の物量センターへの投入、下段はマテリアルロスとしての廃棄分である。

【図14-4　マテリアルコストフローチャート】

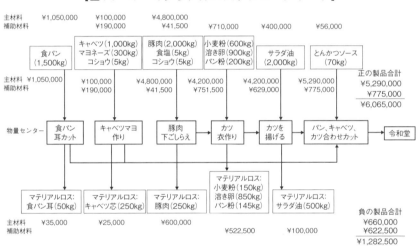

　図14-4はマテリアルコストのみの計算であるが、実際には、システムコスト、エネルギーコスト、廃棄物処理コストも、マテリアルコストと同様にフローチャートを作成する。ここでは簡略化のために図は省略するが、これらの多くは間接費なので、そのコストを正の製品と負の製品にどのように配賦するのかという問題が生じる。

　配賦の方法に決まりはないが、システムコストとエネルギーコストの場合は、正の製品と廃棄物（負の製品）の重量比で配賦する場合が多い。たとえば、ある物量センターへ投入された主材料のインプットのうち、正の製品になる重量が80％で、廃棄される重量が20％であるとすると、その物量工程に投入されたシステムコストやエネルギーコストも８対２で正の製品と廃棄物に配分するのが一般的である。

一方、廃棄物処理コストに関しては、正の製品に配賦するのは合理的ではないので、全額を廃棄物に配分することになる。

❖❖ マテリアルフローコストマトリックスの作成と改善ポイントの検討

マテリアルコスト、システムコスト、エネルギーコスト、廃棄物処理コストのフローチャートができれば、それを合算することでマテリアルフローコストマトリックスができる。これがMFCAの最終成果である。令和堂の例を示せば、図14－5のように示すことができる。なお、実際には「パン、キャベツ、カツ合わせカット」のところでもロスが出ているが、ここでは計算を簡略して示すため、パンのロスは「食パン耳カット」、「キャベツマヨ作り」、「豚肉下ごしらえ」のところに計上している。

【図14－5　マテリアルフローコストマトリックス】

物量センター	食パン耳カット	キャベツマヨ作り	豚肉下ごしらえ	カツ衣作り	カツを揚げる	パン、キャベツ、カツ合わせカット	令和堂
投入							
マテリアルコスト	¥1,050,000	¥290,000	¥4,841,500	¥710,000	¥400,000	¥56,000	¥7,347,500
システムコスト	¥16,200	¥20,400	¥20,400	¥24,400	¥24,400	¥24,200	¥130,000
エネルギーコスト	¥25,714	¥25,714	¥25,714	¥51,428	¥185,715	¥85,715	¥400,000
小計	¥1,091,914	¥336,114	¥4,887,614	¥785,828	¥610,115	¥165,915	¥7,877,500
負の製品							
マテリアルコスト	¥35,000	¥25,000	¥600,000	¥522,500	¥100,000	¥0	¥1,282,500
システムコスト	¥540	¥1,759	¥2,528	¥17,956	¥6,100	¥0	¥28,883
エネルギーコスト	¥857	¥2,217	¥3,187	¥37,846	¥46,428	¥0	¥90,535
小計	¥36,397	¥28,976	¥605,715	¥578,302	¥152,528	¥0	¥1,401,918

	マテリアルコスト	システムコスト	エネルギーコスト	小計
正の製品	¥6,065,000	¥101,117	¥309,465	¥6,475,582
負の製品	¥1,282,500	¥28,883	¥90,535	¥1,401,918
小　計	¥7,347,500	¥130,000	¥400,000	¥7,877,500

さて、図14－5をみると、「豚肉の下ごしらえ」工程で、最も大きなロスが出ていることがわかる。梅澤課長がその原因を調べてみたところ、購入している豚肉の大きさが、パンの大きさと合っていないことがわかり、必要以上に多くの豚肉を捨てていることが判明した。早速、卸売業者に連絡して、豚肉のカット方法を変えることができないか、交渉に入るように指示した。

また、「カツの衣づくり」工程でも、想定以上のロスが出ていることがわかった。

これは、小麦粉や溶き卵を余分に作りすぎているためであったので、その原因を探求したところ、カツにうまく絡ませられずに不良品が出ることを恐れたためであることがわかった。そこで小澤工場長は、最新の機械を導入して、歩留まり率を上げる方法を検討することにした。機械の購入にはもちろん費用がかかるが、それによって節約できる原材料費と比較することがMFCAでは可能になるので、合理的な意思決定が可能となる。さらに結果を分析すれば、より多くの改善案が検討できるであろう。

4 その他の環境管理会計手法

　環境管理会計手法にはMFCAだけでなく、その他にも有力な手法がある。その中で代表的なものを紹介する。

❖ 環境配慮型設備投資決定

　設備投資決定については、第10章で解説したが、環境配慮型設備投資決定は、通常のコストに加えて、環境に関するコストも追加するものである。
　環境配慮型設備投資決定は、環境管理会計の中でも歴史が古く、1990年代にアメリカ環境保護庁で有力な手法が開発された。その手法によれば、設備投資決定において考慮すべきコストは以下の４つに分類される。
　①　通常コスト
　②　隠れているコスト
　③　負債コスト
　④　無形コスト
　通常コストとは、その名のとおり投資意思決定において通常考慮されるコスト項目である。設備投資に関わるコスト一般が含まれる。通常の方法であれば、そこで要求する水準に達しないと判断された設備投資案件は棄却されることになるが、環境配慮型設備投資決定ではさらに対象とするコストの範囲を拡大して、環境配慮型設備の採択可能性を広げることを目的としている。
　隠れているコストとは、環境規制遵守のためのコストが含まれる。施設によっては、事前に環境アセスメントを行ったり、公害防止の対策を行ったり、設備利用終

フルコスト会計

　フルコスト会計という用語は、原価計算では全部原価計算を意味する場合もあるが、環境管理会計の用語としては「完全なコスト」という意味で使用される。通常の管理会計でのコストは、企業が支払うコストに限定されており、企業が原因で生じているけれども、企業にとって支払い義務のないコストは考慮されない。しかし、企業による生産活動が原因でCO_2が排出され、それが気候変動を引き起こしているとすれば、そのことによって地球環境に損害を引き起こしていることになるので、その損害部分のコストを反映する必要がある。これは、気候変動問題に留まらず、あらゆる種類の環境影響に共通することである。

　このような組織が社会に対して発生させているけれども、その組織が負担しないコストのことを経済学では外部コストと呼ぶ。一方、組織内で発生するコストは内部コストになる。外部コストと内部コストを合わせればフルコストになる。環境管理会計を有効に活用するためには、フルコスト会計を採用しなければならないことは、多くの環境会計の研究者がこれまで主張してきたことである。

　しかし、外部コストの測定は非常に難しい。企業が1年間に排出するCO_2の量を測定することは可能であるが、それがどれくらいの経済的な被害になるのかを評価することは容易ではない。このような方法は環境経済学の世界では環境評価と呼ばれさまざまな方法が開発されてきたが、世界的に共通の手法までは整備されていない。それでもプーマ社のように、企業が排出する環境負荷がどれくらい環境に影響を与えているのかを分析して、環境損益計算書を報告している企業もある。

　外部コストが利用可能になれば、MFCAや環境配慮型設備投資などにも応用することができるようになって、環境管理会計の範囲と有効性が飛躍的に高まると期待される。

了後に用地の浄化などが必要な場合がある。このような環境に関連して隠れている可能性のあるコストを洗い出して、意思決定に反映させることになる。

　負債コストとは、潜在的な債務が生じる可能性であり、将来その設備を運用することで、環境保全に対する罰金や訴訟が生じた場合のコストが含まれる。無形コストとは、社会との良好な関係を維持するためのコストで、環境に配慮した設備を導入することで地域社会の人々などとの関係が改善する効果を含んでいる。

　このように環境に関連するコストを、発生するかもしれないコストに拡張するこ

とで、通常の設備投資決定では、「コストが高い」として棄却されてしまいかねない環境配慮型の設備投資案件を採択することが、実は合理的であるということを、環境配慮型設備投資決定手法は示すことができる。

❖ 環境配慮型業績評価手法

環境への負荷を下げて環境パフォーマンスを向上させることは環境管理会計の最大の目的であるが、それを達成させるための手法として、環境パフォーマンスを事業部の業績評価に取り入れる方法がある。

事業部の業績評価は、従来は利益率指標を中心とする管理が多かったが、最近はそこに非財務指標を導入して多元的な評価を行う企業も増加している。環境パフォーマンスはそのような非財務指標として導入される場合がある。たとえば、CO_2などの温室効果ガスの排出量を業績評価指標に加えることで、事業部の活動を環境保全の方向へ向かわせるモチベーションとして機能する。

環境パフォーマンスの導入の仕方は、企業によってさまざまであり、全社共通の水準を設定する場合もあれば、各事業部で目標を立てさせて、その達成度合いを業績評価に反映させる場合もある。第8章で紹介したバランストスコアカードの中に環境パフォーマンス指標を導入する場合もあり、そのような手法はサステナビリティバランストスコアカードと呼ばれる。

さらに、社長を含む企業の報酬制度に環境パフォーマンスを組み込む企業も現れている。企業の環境活動に関するランキングが向上することや、環境に配慮した投資ポートフォリオに組み込まれることは企業のレピュテーションを高めるだけでなく、高株価の維持にも貢献する。そのような成果を経営者の報酬制度に組み込むことで、トップマネジメントの環境への感度を高める狙いもある。

5 おわりに

経済組織である企業が環境に配慮することは、簡単なことではない。多くの企業はサステナビリティ報告書などで、環境に配慮することを謳っているが、実際に対応するためには、コストとベネフィットの対比が不可欠になる。その時に、有効な手法を提供してくれるのが、環境管理会計である。環境管理会計は、企業の中で環

境と経済を連携する有力な手法である。

　環境管理会計の手法の中でも、本章で詳しく解説したMFCAは、国際標準化されるなど、世界的に注目されている。最近では、アジア諸国も含めた発展途上国や中小企業への役立ちが重視されている。これは、通常の環境管理手法では費用ばかりがかかって、財政力の弱い中小企業ではなかなか対応できなかったためである。そこに環境管理会計を応用すれば、環境保全を行うと同時に、ある程度の経済効果も期待できるので、中小企業などでは効果の高いところから環境対応を進めることが可能となる。

　一方、企業全体の環境への影響を管理するためのフルコスト会計の確立はまだ十分ではない。環境問題は、企業のような私的組織が外部にもたらした被害の責任を負わないところから生じているので、フルコスト会計によって外部コストも包含した形でのマネジメントが必要になる。そのためには、環境影響の適切な経済評価が必要になる。その方面での環境管理会計の発展が期待されている。

❓ 考えてみよう

　企業のサステナビリティ報告書（CSR報告書、統合報告書などの名称の場合もある）を入手して、各企業が廃棄物削減や資源生産性の向上にどのように取り組んでいるのかを調べて、環境管理会計がどのように貢献できるかを考えてみよう。

次に読んで欲しい本

國部克彦、伊坪徳宏、水口　剛著『環境経営・会計（第２版）』有斐閣、2012年。

國部克彦、中嶌道靖編『マテリアルフローコスト会計の理論と実践』同文舘出版、
　　2018年。

中嶌道靖、國部克彦『マテリアルフローコスト会計―環境管理会計の革新的手法（第
　　２版）』日本経済新聞出版社、2008年。

第 15 章

非営利組織を管理する

第15章

1 はじめに

　病院や介護施設、保育所、学校など、営利を目的としない、社会的な価値の追求を行う非営利組織においても管理会計は重要である。

　非営利組織としての病院を事例として説明すれば、病院は厳しい経営環境に置かれている。かつて日本の医療費は先進諸国の中において少なく、効率的に医療サービスが提供されているといわれていた。しかし、2016年にOECDによって公表された医療費の算定値は、アメリカに次いで世界２位となった。病院の収入の大半は医療サービスに対する報酬（診療報酬）であり、診療報酬は国の政策によって病気の状態や医療サービスごとに単価が決まっている。国は医療費を抑制させること、すなわち病院へ支払われる診療報酬の単価を抑える傾向にあり、病院の管理者は収入を伸ばすとともに、原価を管理することが必要になっている。

　このような状況のなかで、企業だけでなく、非営利組織においても管理会計の活用法が検討されている。それでは、非営利組織において管理会計を用いる場合、どのような成果が期待され、どのようなことに注意しなければならないのだろうか。本章の目的は、病院や介護施設、保育所などの非営利組織を管理するために必要な、①非営利組織としての病院の管理会計、②非営利組織の管理の特殊性、③非営利組織における業績評価を学ぶことである。

2 令和堂の社員を支える非営利組織の管理の難しさ

　令和堂の近隣には大浜病院という地域の中核となる病院がある。大浜病院は60年以上の歴史を有する病院グループで、内科や外科だけでなく、産婦人科、小児科などを持ち、介護施設や保育所を併設している。長年にわたって地域の総合病院グループとして、令和堂など地域企業の社員の子育てや健康維持を支援し、その父母にあたるおじいちゃん・おばあちゃんの健康を支えてきた。令和堂の社員を含めた地域での認知度は非常に高く、まさに地域を支えている病院グループである。

　しかし、最近では、国の財政悪化にともなう医療費の削減、また看護師・介護職・保育士の人員不足によって、人件費が上がり、経営が圧迫されてしまった。病

院を開設して以来、30年前に一度大規模な改修を行ったが、それ以来小さな修繕しか行っていないため、ところどころにほころびも出てきている。

　ある日、大浜病院グループの理事長が理事長室で途方に暮れていた。来年度からの病院経営の状況を考えると、大幅な赤字経営が予想されたためである。しかし、医師や看護師、介護施設や保育所の管理者に相談したところ、一部では「大浜病院をあげて改善していきましょう」という前向きな意見もあったが、「経営なんて興味がありません」、「そもそもなぜ赤字じゃだめなんでしょうか？　非営利組織ですし」、「何かをされるなら病院長一人で進めてください。私たちはこれまで通りに地域に貢献していきます」、「経営といわれても、何をしてよいのかわかりません」というような回答だった。

　非営利組織にとって、赤字はいけないことなのだろうか。非営利組織にとって赤字が続けば存続することができなくなってしまう恐れがある。大浜病院では、資金はまだ十分残っているが、今後病院の建て替えが行えない状況になることが予想される。資金が尽きてしまい、建て替えが困難となるのは10年後かもしれないが、いまから何かを始めなければ将来の展望は開けない。

　理事長は経営会議で病院グループの現状を細かく確認することを決断した。幸いなことに、事務局が診療科や事業別に原価を計算した細かな経営データを作成していた。経営データを細かく確認していくと、意外なことに病院の保育園・小児科・産婦人科は黒字になっていたが、病院グループの中核を担う内科や外科の入院患者が十分でなく、手術数が減少しており、病床が埋まっていなかった。そのようななかで、診療に必要な薬剤や医療材料などの原価が高騰しており、医療を支える看護師数は最低限の状況でいつ不足が出てもおかしくない状況になっていた。これらの課題に対して管理会計を活用することで改善の余地が残されており、理事長は診療科や事業ごとに責任者を集め、病院グループの現状を説明し、来年度の改善計画と業績目標について事業別で設定することを提案した。そして、来年度末に設定された業績目標に基づく評価を行うことになった。

　診療科や部門（看護部、リハビリテーション部、事務部など）の責任者は理事長からの期待に応えるべく、自らの診療科や部門に所属する医師や看護師、その他のメディカルスタッフ、事務職に説明するうえで、細かなデータと関連がありそうな非財務指標を探した。そして、これらの部下とともに非財務指標の目標値を設定し、経営会議で報告した。経営会議では毎月目標値が達成できているのかについて確認が行われ、達成できていない場合、病院長が自ら診療科や事業の責任者に対して振

り返りと改善策の検討を促した。その結果、病院グループは経営が大幅に改善され、病院グループの更なる発展に向けて、病棟の大規模改修や新しい病棟の設置に向けて準備を進めている。

3 非営利組織における管理会計とは

❖ 非営利組織としての病院における管理会計

　病院は20床以上のベッドを持つ医療機関のことをいい、20床未満である場合は診療科という。病院が管理する病棟には、症状が急に現れる、あるいは病気になり初めの時期である急性期の患者に対し、状態の早期安定化に向けて、診療密度が特に高い医療を提供する機能としての高度急性期、一般的な医療を提供する急性期、在宅復帰に向けた医療やリハビリテーションを提供する機能としての回復期、長期にわたり療養が必要な患者を入院させる機能としての慢性期の４区分の機能がある。これらに加えて、近年では在宅で医療を受ける在宅医療が重要となっている。

　病院では高度急性期病棟および急性期病棟に入院する患者に対して多額な医療費が費やされていることから、診療報酬を調整することで入院期間の短縮化や適正化

が目指されている。特に診療報酬は、診療行為のすべてに対してそのまま報酬を付与する出来高制度から、患者の診断群分類（病態）によって一定額が支払われる包括医療費支払い制度（DPC制度）が導入されている。DPC制度では、入院期間の長さによって報酬単価が決まっているため、患者ごとに入院期間や原価を管理することが経営者に強く求められている。

❖❖ 大浜病院の損益計算書の分析

　次ページの表15‐1は大浜病院が改善に取り組む以前の損益計算書（医業利益項目までを抜粋）である。非営利組織においても第3章で取り上げた方法と同様の方法で財務諸表分析を行うことが可能である。たとえば、予算の医業利益は15,000千円であるが、実績は−1,200千円である。このような傾向は良いものではなく、特に予算と実績の差が大きい入院診療収益、外来診療収益、そして材料費の3つの勘定科目において課題があることがわかる。

　予算が非現実的な値に設定されていないとすれば、早急に入院診療収益や外来診療収益を向上させ、材料費を削減する方策を検討しなければならない。特に大浜病院は急性期病院であり、DPC制度を導入しているとすれば、患者ごとの入院期間の長さや原価の管理が必須である。また、外来診療を積極的に行うことで、外来から入院につなげることができれば、空床が出ないように病床稼働率を維持することも可能であるかもしれない。

　ただし、診療報酬は2年に1度、厚生労働省で改定されるため、たとえ利益額が赤字、あるいは費用の一部が高騰していたとしても、全病院がそのような傾向にあるのかもしれない。そこで、医業利益率や材料費率などを算定することによって、他病院と比較することも有効であるかもしれない。たとえば、大浜病院の医業利益率（材料費率）は医業利益（材料費）を医業収益で割り、100を掛けることで算定することができる。大浜病院の医業利益率は−0.7％、医業費用全体に占める材料費の割合である材料費率は33.58％である。これらの比率を同規模の病床を持ち、同じく急性期病棟を持つ他病院と比較することで、大浜病院の財務状況が理解できるようになる。

第15章

【表15‐1　大浜病院の損益計算書（医業利益項目まで）】

（単位：千円）

			予算	実績
Ⅰ	医業収益			
	1	入院診療収益	100,000	90,000
	2	室料差額収益	4,000	3,800
	3	外来診療収益	40,000	36,000
	4	保健予防活動収益	10,000	12,000
	5	受託検査・施設利用収益	8,000	10,000
	6	その他の医業収益	10,000	12,000
		合計	172,000	163,800
Ⅱ	医業費用			
	1	材料費	47,000	55,000
	2	給与費	65,000	64,000
	3	委託費	10,000	12,000
	4	設備関係費	20,000	20,000
	5	研究研修費	3,000	3,000
	6	経費	12,000	11,000
	7	控除対象外消費税等負担額	—	—
	8	本部費配賦額	—	—
		合計	157,000	165,000
		医業利益（損失）	15,000	−1,200
以降、省略				

❖❖ 病院の運営主体

　病院は全国に約8,000存在するが、一概に病院といえども、運営主体には医療法人などの民間病院と国・地方公共団体や独立行政法人、公営企業、済生会、赤十字などの公的病院の2つがある。病院数の約70％を占める医療法人は、行政から補助金等の優遇を受けていないため、自らで利益を維持することが大切となる。大浜病院も地域の医療を支えているが、民間病院であることから、補助金等で優遇されることがない。そのため、施設の改修や人材の確保などにかかる費用はすべて組織内で維持していかなければならない。

　一方で、公的病院は診療をすればするほど、赤字となる不採算医療を行っていることから、ほとんどの公的病院では国や地方公共団体から補助金で補填されている。しかし、補助金で補填されてもなお、赤字を報告する公的病院は多く、公的病院においても経営改善は重要課題にあげられている。

❖❖ 病院会計準則・医療法人会計基準

　多くの病院は病院会計準則にもとづいて業績を算定している。病院会計準則は、医業収益から医業費用が引かれた医業利益を算定し、内部管理を強化するために機能している。一方、医療法人には医療法人会計基準が適用されるが、当該基準は主に本来業務事業収益・費用（損益）という大雑把な勘定科目以外の報告は要求されていない。病院が内部管理を強化するに際しては、病院会計準則を参考にしながら、

【表15－2　病院会計準則・医療法人会計基準と原価計算】

医療法人会計基準上の損益計算書		病院会計準則上の損益計算書		
Ⅰ　事業損益		Ⅰ　医業収益		
A　本来業務事業損益		1　入院診療収益		XXX
1　事業収益	XXX	2　室料差額収益		XXX
2　事業費用	XXX	3　外来診療収益		XXX
事業利益（損失）	XXX	4　保健予防活動収益		XXX
Ⅱ　事業外損益	XXX	5　受託検査・施設利用収益		XXX
経常利益（損失）	XXX	6　その他の医業収益		XXX
Ⅲ　特別損益	XXX	合計		XXX
税引前当期純利益	XXX	Ⅱ　医業費用		
法人税等	XXX	1　材料費		XXX
税引後当期純利益	XXX	2　給与費		XXX
		3　委託費		XXX
		4　設備関係費		XXX
		5　研究研修費		XXX
		6　経費		XXX
		7　控除対象外消費税等負担額		XXX
		8　本部費配賦額		XXX
		医業利益		XXX
		以降、省略		

管理会計システムを独自に構築することが必要になる。

　病院会計準則を参考にしながら医業利益を算定するプロセスのなかで、管理会計と特に関連するのは医業費用である。病院の経営改善では、病院内で医業費用に注目し、その原価構造を分析することが経営のスタートラインになる。そして、診療科別・事業別原価を確認するための、より詳細な原価計算を実践するかどうかについては、各病院の判断に委ねられている。

　病院は医師や看護師、その他のメディカルスタッフなどの多職種の職員で構成されている点に注意しなければならない。事務方だけで配賦基準を決め、勝手に間接費を診療科ごとに割り振ってしまうと、あとから医師・看護師と事務のあいだで揉めることになってしまいがちである。最初から医師や看護師などと意見交換をしながら対象となる原価を計算し、その推移を確認することが重要となる。

Column15-1

福祉施設における管理会計

　福祉施設は憲法第25条の生存権を担保するための社会福祉事業を行っている。事業の類型としては、介護老人福祉施設、障害者福祉施設、保育所、児童福祉施設などがある。これらの福祉サービスは社会福祉法およびそれぞれの特別法（生活保護法、児童福祉法、老人福祉法、障害者総合支援法、売春防止法など）にもとづいて事業が行われている。福祉施設のほとんどは篤志家による寄附を原資として設立された社会福祉法人が運営主体となっているが、1つの福祉施設だけを運営する社会福祉法人もあれば、保育所と介護福祉施設を隣に設置しているような、複合的な施設運営を行う社会福祉法人も存在する。

　社会福祉法人には社会福祉法人会計基準が適用されている。社会福祉法人は年度開始前に次年度予算を編成し、年度終了後に決算を報告しなければならないため、1年間ごとにではあるが、予算編成と決算の仕組みが備わっている（単年度予算・決算主義）。福祉施設は社会福祉法人の一施設であることから、福祉施設の管理会計を検討する場合には、社会福祉法人の拠点区分別事業活動計算書を確認することが必要となる。拠点区分とは一体として運営される施設、事業所または事務所のことであり、管理会計を適用する場合の管理者が持つ責任の範囲と一致するように設定される。拠点別事業活動計算書にはサービス活動収益からサービス活動費用が引かれた増減差額が計算され、これが企業会計における利益に似た項目となる。

　拠点別事業活動計算書において、サービス活動費用は主に人件費、業務費、事務費、減価償却費などに区分されている。上述したようにそれぞれの拠点は施設・事業が複合的になっているため、拠点別で原価情報が不十分である場合には、さらに細かな事業別の原価計算が行われる場合もある。特に福祉施設は病院とは異なり、定員数が決まっており、一度施設に利用者が入居した場合、長い期間、福祉サービスを享受することになる。したがって、病院が実施するような患者に対する医療サービスなどの短い期間ごとの原価管理というよりは、事業の利用に対する恒常的で細かな単位での原価管理をいかに行うかが重要になる。

【表15-3　社会福祉法人会計基準と管理会計】

	社会福祉事業	適用基準	
社会福祉事業	障がい福祉関係施設 保育所、その他児童福祉 　施設、保護施設 養護老人ホーム 軽費老人ホーム 特養等介護保険施設 就労支援事業 授産施設 重症心身障がい児施設 病院・診療所 訪問看護ステーション 介護老人保健施設	すべての事業に 社会福祉法人会計基準を適用	

A拠点		B拠点	
A事業	B事業	C事業	D事業	E事業

拠点ごとに
事業活動収支計算書を作成

サービス活動増減の部	xxx
サービス活動外増減の部	xxx
特別増減の部	xxx
当期活動増減差額	xxx

公益事業	
収益事業	

4　非営利組織の特殊性

　このように大浜病院では赤字であることに焦点が置かれているが、それでは非営利組織である大浜病院は営利組織とは何が異なるのであろうか。非営利組織において赤字が持つ意味とは何であろうか。

　非営利組織は営利以外の組織のことであり、社会的な価値の創出をめざして特有の使命を持つ。非営利である以上は、利益を大きくすることを必ずしも目的とはし

ていない。実際に、介護施設や保育所における財務諸表を確認すると、利益の名前
は収入と支出の差額を示すものとして収支差額と表されている。そのため、支出が
収入を超えて赤字になっても問題はないのではないかという意見も出てくるであろ
う。行政から補助金を得て運営している非営利組織も多く存在することから、赤字
は行政の責任であり、行政に対して補助金額のアップを要請することが適切ではな
いかという考え方もある。

　しかし、非営利組織を長く経営していくために、大きすぎない利益を自らで獲得
して、維持していくことが大切である。

❖ 赤字を回避するための管理会計

　大浜病院のケースのように、多くの非営利組織では施設や建物を持たなければ使
命を果たすことができないが、赤字になると建て替えや改修できなくなる。財政悪
化が続く行政からはすぐに支援を受けられないかもしれない。病院、介護施設、保
育所などで使う医薬品費や材料費の高騰、また人員確保などで物価の変動に対応す
ることができなくなる。これらが十分にできなくなり、地域からの信頼を失った場
合、患者・利用者も離れていく。

　病院や福祉施設以外で例をあげると、皆さんが私立学校の卒業生であれば、母校
である私立学校が存続することは重要であるように思うはずである。近年、日本で
は少子化が進むとともに、超高齢社会となっており、高齢者が増え、子ども世代が
減る状況にある。しかし、私立学校は生徒からの収入を主な資源として経営してい
ることから、少子化は私立学校の経営そのものを揺るがしかねない変化である。い
ずれの場合においても、少なくとも赤字を回避することが必要であり、管理会計を
活用できる可能性を感じることができよう。

❖ 所有者がいないことによる管理不足

　非営利組織に管理会計が必要な他の側面として、非営利組織は株主などの所有主
を持っていないことがあげられる。実質は理事長などが非営利組織の管理責任を持
ち、事務長や事務局長などの事務方のトップが経営を担う場合が多いが、多数の株
主が企業の業績に注目している株式会社と比べると、非営利組織の管理は不十分で
ある場合がある。もし理事長や事務長、事務局長による管理が不十分である場合、

非営利組織の経営が悪化してしまう可能性が高まるであろう。

　このように、非営利組織の管理の向上に向けて、赤字は避けながら、大きすぎない利益の確保をめざして経営していくことが必要である。具体的には、上述した経営悪化の悪循環に陥らないためにも、非営利組織においてもこれまで学習した部門別・事業別の原価計算にはじまり、非財務指標を積極的に活用しながら管理会計の必要性を組織全体に働きかけていくことが必要である。

❖ 非営利組織における業績評価

　非営利組織では、営利企業とは異なり、営利以外の目標を持つことが重要である。非営利組織の業績目標の設定、および業績評価にあたっては、部門別・事業別に管理するような利益に関する情報、すなわち財務に関する情報だけで評価した場合、構成員のモチベーションが低下してしまう恐れがある。もともと財務以外の目標を持つ構成員が多く、財務情報に関連するものの、財務以外での評価を組み入れていくことが重要である。

　たとえば、病院では患者の健康回復が何よりも重要であるし、保育所では児童を預かり育てること、さらに看護学校では看護師の育成などの、営利以外での目標がある。このような目標を支える非財務情報の例として、健康を回復させた患者数や健康回復の程度、保育児童数、国家試験合格の看護師数、定員充足率などがあげられる。これらの項目以外にも、良質なサービス提供につながる職員の満足度やスキルアップも重要な非財務情報としてあげることができるかもしれない。

❖ 専門職との調整の必要性

　大浜病院のケースでは、いざ経営悪化に対して改善策を行おうとしても、非営利組織の構成員に医師や看護師などの専門職も含まれることから、経営が悪化しても経営に対する理解を得ることが難しいことが記されている。大浜病院の病院長が体験した経営会議のように、各責任者は財務とは別の目標を持っていることから協力的ではないこともある。管理会計の導入に向けて、各責任者に対してどのように働きかけていくかに、経営者の腕が試されている。

　このような各責任者に働きかける手段として、非営利組織においてもこれまでに学習したバランストスコアカードを設定する事例が近年出てきている。目標の設定

第15章

207

にあたっては、組織の構成員と十分に審議を重ねたうえで設定することが望ましい。

医療バランストスコアカード

　最近では、病院への管理会計の導入を実施する病院が多数存在している。ただし、病院では、原価という財務情報だけでなく、非財務情報の測定や活用に関する事例が数多く生まれている。とりわけ財務・非財務をバランスよく評価するバランストスコアカードの導入が一部の病院で展開されていることは注目すべきである。ある研究によると、調査回答209病院のうち41.1％もの病院がバランストスコアカードを導入したことがあるという結果が示されている。非財務の視点を持つ管理会計は、営利以外の目的を持つ非営利組織の経営により適合することがバランストスコアカードの普及の要因であるといえるのかもしれない。

　ただし、病院にバランストスコアカードを導入する場合には、企業とは異なる工夫が必要となる。第8章で述べたように、バランストスコアカードでの視点は、財務・顧客・業務プロセス・成長と学習の4つである。営利企業の場合は財務を頂点とする戦略マップがしばしば描かれるが、病院の場合、戦略マップをどのように描くのかについてさまざまな見解がある。財務の視点を頂点とするのではなく、非財務情報としての顧客の視点を頂点としているものもある。

【図15-1　病院のバランストスコアカードのイメージ】

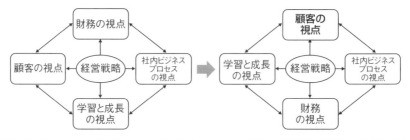

バランストスコアカードの4つの視点　　　医療バランストスコアカードの視点

5 おわりに

　本章では、病院や介護施設、保育所など、社会的な価値の創出をめざして特有の使命を持つ非営利組織を管理するために必要な、①病院の管理会計、②非営利組織の管理の特殊性、③非営利組織における業績評価、を学ぶことを目的として、厳しい経営環境に置かれた非営利組織に管理会計導入を促進するために必要な事柄を説明してきた。

　非営利組織の特殊性としては、大きすぎない利益を自らで獲得すること、また利益を維持していくことが重要であることを説明した。非営利組織は所有者がいないことによる管理不足に陥っている可能性があるため、非営利組織において管理会計を導入する事例が増えている。しかし、非営利組織には医師や看護師などの専門職との調整が必要であり、慎重に検討がなされている。

　そのようななかで、本章では、多くの病院は病院会計準則にもとづいて業績を算定しており、特に診療科別・事業別原価を確認するような計算が大切であることを指摘した。また、拠点ごとに複数事業を行う多くの社会福祉法人には、細かな事業別の原価計算などの実践が必要な場合があることを説明した。このように、これまで管理会計の中心的な位置づけであった企業以外にも、非営利組織を対象として、利益や収支差額などの見方や使われ方を工夫し、構成員に対する説明をより詳細に考慮することによって、優れた管理会計実践を行うことができる。

? 考えてみよう

　公立病院を2つ選び、財務諸表を確認し、利益額および利益率について算定したうえで、それらの病院の財務状況について比較し、考察してみましょう。

次に読んで欲しい本

大塚宗春、黒川行治編『政府と非営利組織の会計』中央経済社、2012年。
日本経営分析学会編『新版・経営分析辞典』税務経理協会、2015年。

第15章

《参考文献》

青木茂男『要説 経営分析（４訂版）』森山書店、2012年。

砂川伸幸『コーポレートファイナンス入門（第２版）』日本経済新聞出版社、2017年。

伊藤嘉博『環境を重視する品質コストマネジメント』中央経済社、2001年。

上野一郎監修、土屋 裕、田中雅康、中神芳夫編集代表『VEハンドブック普及版Ⅰ』
　社団法人日本バリュー・エンジニアリング協会、2011年。

大蔵省企業会計審議会（編）『原価計算基準：大蔵省企業会計審議会中間報告（昭和37
　年11月８日）』大蔵省企業会計審議会、1962年。

岡本 清『原価計算（６訂版)』国元書房、2000年。

岡本 清「TPMの経済的効果測定方法に関する研究（その１）」『日本設備管理学会誌』
　第３巻、第２号、55－60頁、1991年。

岡本 清、廣本敏郎、尾畑 裕、挽 文子『管理会計（第２版)』中央経済社、2008年。

加登 豊編『インサイト管理会計』中央経済社、2008年。

加登 豊、梶原武久『管理会計入門（第２版)』日本経済新聞出版社、2017年。

河田 信編著『トヨタ 原点回帰の管理会計』中央経済社、2009年。

キャプテン・R.S.、ノートン・D.P.（吉川武男訳）『バランス・スコアカード―新しい
　経営指標による企業変革』生産性出版、1997年。

黒木 淳編『公会計テキスト』中央経済社、2019年。

國部克彦、中嶌道靖編『マテリアルフローコスト会計の理論と実践』同文舘出版、
　2018年。

國部克彦、神戸CSR研究会編『CSRの基礎―企業と社会の新しいあり方』中央経済社、
　2017年。

國部克彦、伊坪徳宏、水口 剛著『環境経営・会計（第２版)』有斐閣、2012年。

小林啓孝、伊藤嘉博、清水 孝、長谷川恵一『スタンダード管理会計（第２版)』東洋
　経済新報社、2017年。

サイモンズ・R.（伊藤邦雄監訳）『戦略評価の経営学―戦略の実行を支える業績評価と
　会計システム』ダイヤモンド社、2003年。

桜井久勝『財務諸表分析（第７版)』中央経済社、2017年。

櫻井通晴『管理会計（第７版)』同文舘出版、2019年。

谷 武幸『エッセンシャル管理会計（第３版)』中央経済社、2013年。

谷 武幸『製品開発のコストマネジメント―原価企画からコンカレント・エンジニアリ
　ングへ』中央経済社、1997年。

谷 武幸、桜井久勝編著『１からの会計』碩学舎、2009年。

高野　敦「モジュール化、成功の条件」『日経ものづくり』2013年11月号、日経BP社。

トンプソン・J.D.（大月博司、廣田俊郎訳）『行為する組織—組織と管理の理論についての社会科学的基盤』同文舘出版、2012年。

中嶌道靖、國部克彦『マテリアルフローコスト会計—環境管理会計の革新的手法（第2版）』日本経済新聞出版社、2008年。

日本会計研究学会『原価企画研究の課題』森山書店、1996年。

公益社団法人日本バリュー・エンジニアリング協会『VEでできること　身近な事例　ポインター（指示棒)』（https://www.sjve.org/vecan/case/9-2)、2019年5月6日閲覧。

廣本敏郎『米国管理会計論発達史』森山書店、1993年。

藤本隆宏『生産システムの進化論—トヨタ自動車にみる組織能力と創発プロセス』有斐閣、1997年。

ヘンダーソン・B.（土岐　坤訳）『経営戦略の核心』ダイヤモンド社、1981年。

丸田起大『フィードフォワード・コントロールと管理会計』同文舘出版、2002年。

堀切俊雄『世界No.1の利益を生み出すトヨタの原価』かんき出版、2016年。

ミンツバーグ・H.「戦略クラフティング」『ダイヤモンドハーバードビジネスレビュー』2月号、78-92頁、2007年（初版は1987年）。

ミンツバーグ・H.、アルストランド・B.、ランペル・J.（齋藤嘉則訳）『戦略サファリ（第2版）—戦略マネジメント・コンプリート・ガイドブック』東洋経済新報社、2012年。

森野慎一郎「マツダの新商品開発における原価企画活動〜目標達成への取り組みと活動の進化〜」『VEと原価企画〜進化と深化〜第50回VE関西大会資料』公益社団法人日本バリュー・エンジニアリング協会西日本支部、2019年。

山本浩二、小倉　昇、尾畑　裕、小菅正伸、中村博之編著『スタンダードテキスト管理会計論（第2版)』中央経済社、2015年。

渡邊　亮、荒井　耕、阪口博政「医療機関におけるバランスト・スコアカードの活用状況—DPC/PDPS導入病院を対象とした質問票調査を通じて—」『メルコ管理会計研究』第7巻、第2号、15-24頁、2015年。

吉田栄介『持続的競争優位をもたらす原価企画能力』中央経済社、2003年。

索　引

[編著者略歴]

國部　克彦（こくぶ　かつひこ）

神戸大学大学院経営学研究科教授。大阪市立大学博士（経営学）。

大阪市立大学商学部助教授等を経て、1995年神戸大学経営学部助教授、2001年神戸大学大学院経営学研究科教授。現在に至る。専門は、社会環境会計、経営分析。

主著に、『創発型責任経営』（日本経済新聞出版社、2019年）、『マテリアルフローコスト会計の理論と実践』（同文舘出版、2018年）、『アカウンタビリティから経営倫理へ』（有斐閣、2017年）等がある。

大西　靖（おおにし　やすし）

関西大学大学院会計研究科教授。神戸大学博士（経営学）。

帝塚山大学経営情報学部准教授等を経て、2011年関西大学大学院会計研究科准教授、2016年関西大学大学院会計研究科教授。現在に至る。専門は、社会環境会計、管理会計。

主著に、『環境経営イノベーションの理論と実践』（共著、中央経済社、2010年）、「管理会計研究における制度的視点―正統性と同型化」（『現代社会と会計』第11号、2017年）等がある。

東田　明（ひがしだ　あきら）

名城大学経営学部教授。神戸大学博士（経営学）。

名城大学経営学部准教授等を経て、2016年名城大学経営学部教授。現在に至る。専門は、社会環境会計、管理会計。

主著に、「温室効果ガス削減に関わる業績指標の利用と環境パフォーマンスへの影響要因」（『メルコ管理会計研究』第10巻第2号、2018年）、「企業経営における環境と経済の離反と統合―MFCA導入事例を通して」（共著、『国民経済雑誌』第210巻第1号、2014年）等がある。

執筆者紹介 （担当章順）

國部克彦 （こくぶ かつひこ）……………………………………**第1章**、第14章
神戸大学大学院 経営学研究科 教授

東田 明 （ひがしだ あきら）…………………………第1章、**第4章**、**第11章**
名城大学 経営学部 教授

北田皓嗣 （きただ ひろつぐ）……………………………………………**第2章**
法政大学 経営学部 准教授

増子和起 （ますこ かずき）………………………………………………**第3章**
就実大学 経営学部 講師

安藤 崇 （あんどう たかし）…………………………………………**第5章**
千葉商科大学 商経学部 准教授

大西 靖 （おおにし やすし）……………第5章、第6章、**第9章**、第10章
関西大学大学院 会計研究科 教授

篠原阿紀 （しのはら あき）………………………………………………**第6章**
桜美林大学 ビジネスマネジメント学群 准教授

中澤優介 （なかざわ ゆうすけ）……………………………………**第7章**
愛知学院大学 商学部 准教授

金 宰弘 （きむ ぜほん）……………………………………………………**第8章**
群馬大学 情報学部 准教授

岡田華奈 （おかだ かな）…………………………………………………**第10章**
大阪経済大学 経営学部 講師

天王寺谷達将 （てんのうじや たつまさ）……………………………**第12章**
岡山大学学術研究院 社会文化科学学域 准教授

鈴木 新 （すずき あらた）……………………………………………**第13章**
就実大学 経営学部 准教授

呉 綺 （ご き）……………………………………………………………**第14章**
京都先端科学大学 国際学術研究院 准教授

黒木 淳 （くろき まこと）……………………………………………**第15章**
横浜市立大学 国際商学部 教授

※章の太字は第一著者を示す。

1からの管理会計

2020年3月15日　第1版第1刷発行
2023年11月15日　第1版第7刷発行

編著者　國部克彦・大西　靖・東田　明
発行者　石井淳蔵
発行所　㈱碩学舎
　　　　〒101-0052 東京都千代田区神田小川町2-1 木村ビル 10F
　　　　TEL 0120-778-079　FAX 03-5577-4624
　　　　E-mail info@sekigakusha.com
　　　　URL http://www.sekigakusha.com
発売元　㈱中央経済グループパブリッシング
　　　　〒101-0051 東京都千代田区神田神保町1-35
　　　　TEL 03-3293-3381　FAX 03-3291-4437
印　刷　東光整版印刷㈱
製　本　㈲井上製本所

ISBN978-4-502-33121-3　C3034